Problem&Polemic

PP選書

Problem&Polemic

｜課題と争点｜

ほんとうの命の大切さとは何か

ウクライナ戦争から
山上徹也銃撃事件まで

高岡健
Takaoka
Ken

批評社

PP選書［Problem & Polemic：課題と争点］

ほんとうの命の大切さとは何か

――ウクライナ戦争から山上徹也銃撃事件まで＊目次

第Ⅰ部　戦争論

第1章　ウクライナ戦争……12
#二〇〇〇年〜　12／#二〇一四年〜　15／#二〇二二年〜　19／#日本　22
コラム1　ウクライナ・マイダン革命下の音楽：「ピアノ」……24
第2章　続ウクライナ戦争……27
#ソルジェニーツィンとプーチン　27／#レーニン　31／#『戦争と平和』　35／#国民総動員令と「意志の問題」　39／#この章のおわりに　46
コラム2　二重三重のモキュメンタリー構造：「ドンバス」……49

補章　ゼレンスキー訪米とバイデン……52
#訪米前から首脳会談・記者会見まで　52／#ゼレンスキーの議会演説　55／#戦争前のウクライナにおけるバイデン　58／#アフガニスタン侵略におけるリベラルホーク　61／#コソヴォ空爆とリベラルホーク　65／#ウクライナ民衆との連帯へ向かう隘路　67
第3章『教育と愛国』――戦争とメンタルヘルス……72
#戦争と女性　72／#歴史教育問題　77／#高橋源一郎の教科書論　79／#社会的構築物としての複雑性PTSD　81／#戦争と障害者　85
コラム3　戦闘なき戦争トラウマ映画：「戦争と女の顔」……87

第Ⅱ部　優生思想論

第4章　相模原殺傷事件がもたらした問い……92
#抹殺の〈思想〉 92／#施設内虐待と〈個人意志〉 94／#大麻と〈社会（共同体）意志〉 98／#世界情勢と〈政治（国家）意志〉 102／#DVD『生きるのに理由はいるの？』 106／#補論——生命の選別としての死刑 108

第5章　人間と非・人間のあいだ……112
#スタートライン 112／#『テッド2』——人間対所有物 114／#共感性研究 116／#はたして認知的共感は個体の中で生じる現象か・再論 122／#区分線は共同体の境界に沿って引かれる 125／#自己認識は人間の基準か 128／#では共同体は人間であることに全く影響を及ぼさないのか 133

第6章　優生思想の過去と現在……141
#優生思想という言葉 141／#背景 142／#歴史 144／#現状 147／#討論 151／#提言 156

コラム4 書評『〈反延命〉主義の時代――安楽死・透析中止・トリアージ』
小松美彦・市野川容孝・堀江宗正編著（現代書館）……159

第Ⅲ部 自殺・他殺・テロル論

第7章 中学・高校生の自殺……164
#中学・高校生の自殺者数の推移 164／#いじめと自殺 167／#いじめ自殺からの脱出 172

第8章 校内殺人と道徳教育……175
#佐世保市同級生殺害事件 175／#同級生殺害事件から一八年 177／#加害女児の詩 179

コラム5 保健体育の教科書……185

第9章　少年の死刑事件——いわゆる連続射殺魔事件と石巻事件について……189
#はじめに　189／#永山則夫事件（1）　190／#永山則夫事件（2）　193／#石川鑑定　194／#情状鑑定　197／#石巻事件　199／#まとめにかえて　202
第10章　安倍元首相銃撃殺害事件……205
#安倍殺害　205／#統一教会　207／#自民党　209／#右翼　211／#国葬　212／#「ダブルスタンダード」　215／#Y氏のツイッターと手紙　218／#テロル　220／#ライシャワー事件　225／#写像　227
あとがき……229

第Ⅰ部　戦争論

第1章　ウクライナ戦争

#二〇〇〇年～

一九九一年のソ連解体とほぼ同時にワルシャワ条約機構も解体したが、その後も北大西洋条約機構（NATO）は続いた。プーチンは、二〇〇〇年の大統領就任後まもなく、当時のアメリカ大統領クリントンと会談し、**ロシアがNATOに加盟する**のをどう思うかと質問した（二〇二二年三月一六日「毎日」）。だが、クリントンはプーチンの打診を一蹴した。

また、自由市場主義者のプーチンは、二〇〇一年の同時多発テロに際し、ブッシュ・アメリカ大統領（当時）に「われわれはあなた方とともにある」とのメッセージを送った。しかし、ブッシュ政権は、イラク戦争に際し、自由を阻害する存在としてロシアを名指しして、NATOの東方拡大を進めた。さらに、同年一二月には、アメリカは弾道弾迎撃ミサイル制限条約（ABM条約）から脱退した。

クリントンの度量が狭かったのか、ブッシュがひたすら敵を求めたためか、北半球世界はここで最大のチャンスを逃した。このときこそが、それまでの東西対立の構造を完全に止揚するチャンスだった。そうなれば、日本も、かつて小沢一郎が提案していたように、国軍を廃止して国連の下に軍隊を預けることができたかもしれない。そのチャンスを失ってしまったのだ。

プーチンは、二〇一〇年頃から、「**リスボンからウラジオストクまで**」という自由経済圏構想を語るようになっていた（朝日新聞国際報道部『プーチンの実像』）。プーチンは、まずユーラシア経済連合（ＥＡＥＵ）を設立し、これを欧州連合（ＥＵ）と連携させれば、「リスボンからウラジオストクまで」がつながると考えたのだった。しかし、この構想は顧みられることなく、それどころか、アメリカ国務長官だったヒラリー・クリントンは、警戒心を剥き出しにして、「再びソビエト化しようとする動きだ」と非難した。

ヒラリー・クリントンの頑ななイデオロギーのためか、認識不足ゆえに東西対立の残像を払拭するだけの能力がなかったせいなのか、ここでも北半球世界は最大のチャンスを逃した。ＥＵが先行する形で展開していた国境を廃止する実験を、かつての欧州経済共同体（ＥＥＣ）のように経済同盟から開始していくチャンスを逃したのだ。

その結果、人口一億四千万程度のロシアは、ＧＤＰで世界第一二位にまで転落した。こうして、プーチンの「**ネットワーク型帝国主義**」（アレクサンドル・カザコフ『ウラジーミル・プーチンの大戦略』）は退行を余儀なくされた。

上記の著書でカザコフは、ロシア語を話すロシア正教徒の人たちを意味する「ルースキー」と、ロシア皇帝に忠誠を誓う人たちを意味する「ロシースキー」とを区別している。その上で、後者による国家連合をネットワーク型帝国主義と呼んでいる（もちろん、否定的にではなく、肯定的に「帝国」という言葉を用いている）。

しかし、後者は容易に前者にまで退行するのではないか。とりわけ、「ネットワーク」が経済圏によって裏打ちされないときには、それはロシースキーの帝国からルースキーの民族主義国家へと、容易に退行するという意味だ。

ところで、ルースキーの政治文化は、政治の独特の人格化（「個人は制度でもある」）を特徴とするという。つまり、ドクトリンと綱領は、カリスマ的な個人を通じて表現されるというのだ。だとすると、ネットワーク型帝国主義は、資源輸出に頼らざるをえない経済社会編成（つまり「資源の呪い」）から抜け出ることができないままである限り、東洋的デスポティズム（専制政治）へと転落するのは必然というしかない。すなわち、**「新ユーラシア主義**[*1]**」**への退行である。

新ユーラシア主義について、亀山郁夫は、「独自の精神共同体とみなす考え」であり、そこでは「正教の帝国」という観念こそあれ、「国境の概念」は希薄なのだと喝破している（二〇二二年四月一五日「毎日」夕刊）。同時に、亀山は、ロシアの人々は世俗的権力に無関心であるかわりに、「神と大地に忠実」なのだとも述べている（二〇二二年四月二二日「毎日」夕刊）。まさに、かつての天皇制日本と同様に、アジア的専制主義がせりだし、プーチンは神になってしまうのである。

#二〇一四年〜

二〇一四年の**マイダン**（**広場**）**革命**は、ヤヌコヴィッチ・ウクライナ大統領の追放をもたらした。『ペンギンの憂鬱』で知られる作家アンドレイ・クルコフは、「ヤヌコヴィッチは帰国する気がないらしい。キエフのかわりにソチに着陸して、プーチンとお茶を飲んでいる。」「ロシアはウクライナでの戦争を欲している。」（『ウクライナ日記』）と記した。また、「各都市のマイダンは自然発生的に誕生したもので、どの政党にも組織されていないのは誰の目にも明らかだ。」「学生たちは、キエフのマイダンの文化の面を軌道に乗せようとしている。」とも記している。

＊1　浜由樹子、羽根次郎「地政学の（再）流行現象とロシアのネオ・ユーラシア主義」（RRC Working Paper Series No.81）には啓発された。著者らは、それぞれ力点の置き方が異なる三人の新ユーラシア主義者の主張をコンパクトにまとめている。それによると（私の粗雑な理解では）、新ユーラシア主義には二つの骨格があるようだ。一つは、エリツィン政権下の新自由主義によりソ連が解体し、分離主義が台頭したことで生じたナショナル・アイデンティティの空白を、空間の統合理念としての正教的原理により埋めること、すなわち「東のローマ」としてロシアが中心となることである。もう一つは、地政学的多元主義、すなわちＢＲＩＣＳ（新興五カ国）、ＡＰＥＣ（アジア太平洋経済協力）、ＳＣＯ（上海協力機構）、ＥＡＥＵ、ＳＲＥＢ（シルクロード経済ベルト）などの多極世界を実現させることであり、これが無視されれば容易に反欧米へと至る。

マイダン周辺のバリケードには一瞬とはいえ解放感がただよっていたはずだが、一方で民族主義団体＝右派セクターの台頭を許し、他方で当時はアメリカ副大統領だったバイデンの次男がウクライナの天然ガス会社ブリマスの役員に就任するなどの癒着を産んだ。

マイダン革命に対し、ロシアは**クリミア侵攻**で応えた。かつてクリミアをウクライナに引き渡すと決定したのは、当時のソ連首相フルシチョフだった。このことについて、アメリカ在住のフルシチョフの次男は、次のように語っている。

《当時はソ連という国家内部での境界変更に過ぎず、ウクライナ本土からクリミアへと通じる運河建設に資するとの合理的理由があった。ソ連崩壊時、クリミアのウクライナ帰属を認めてしまったエリツィンに問題がある。》

《ウクライナ人も米国のように大統領を替えてきた。西のクラフチュク、東のクチマ、西のユーシェンコ、東のヤヌコビッチと、もし米国が介入しなければ、次は再び西の大統領になり、そうやって両者はだんだんと接近していったのではないだろうか。》（真野森作『ルポプーチンの戦争』）

ロシア系覆面武装勢力はクリミア政府庁舎・議会・空港を占拠した。そして、公正さに大きな問題があるとはいえ、実施された住民投票は、八割強の投票率で九割強がロシア入りに賛成した。

これに対し、オバマ・アメリカ大統領（当時）はプーチンへの電話で「ロシアの行動はウクライナの主権と領土を侵害した。代償を科す準備はできている。」と告げ、対するプーチンは、編入をめぐる方針には触れず、アメリカはコソヴォの分離独立を認めたのに、なぜクリミアで暮らす人々には許されないのかと応酬した。

リベラルホークの名のとおり好戦的なオバマは、ボリシェヴィキの歴史さえ否定しているプーチンを、あくまで東西対立の枠組みの裡に見るばかりだったことがわかる（これを先に引用したフルシチョフの次男は「偏執的な考え」「幻想」と断じている）。

オバマだけではない。バイデン現アメリカ大統領は、「プーチンは悪、親欧州のウクライナが正義」という立場から、ウクライナへの軍事支援を主導した（東郷和彦「毎日」二〇二二年四月二二日夕刊）。

こうして、政治の自然過程に任せれば消え去っていたはずの東西対立の幻想は、姿を変えて、新ユーラシア主義のロシアと、アメリカに後押しされたウクライナ民族主義とのあいだの抗争へと至った。言い換えれば、**民族主義間の戦争**をいかに止揚するかという古い課題が、またもや解決の糸口さえ伴わない形で浮上することになったのである。

ところで、レーニンは、ロシア革命以前に、次のように述べていた。

《もし大ロシアのマルクス主義者が、ウクライナ人の完全な同権の要求、もしくは独立国家を形成するウクライナ人の権利を、一晩なりともわすれるならば、彼も、ブルジョア民族主義の泥沼へはもとより、黒百人組的民族主義の泥沼へも、おちいっているのである。》《いっさいの民族的圧制に対する闘争――これは、無条件にイェスだ。いっさいの民族的発展のための闘争――これは、無条件にノーだ。》（「民族問題にかんする批判的覚書」）

古い課題への、当時としては最良の解決指針が提示されている。ボリシェヴィキの歴史を批判するプーチンであっても、少なくともこのレベルにまでは立ち返るべきではなかったのか。

先に引用したカザコフによれば、ネットワーク型帝国主義は、黒と赤の百人組（「右」が上層と下層に分かれ、「左」も同様に上下に分かれることにより、両者が互いに似通って民族主義的になること）から離れたところで成立するという。そうであるなら、プーチンは、ウクライナ人の権利を無条件に認めたうえで国境を開く（自由経済圏構想を推進する）ことにより、遅ればせにでも「黒百人組的民族主義の泥沼」を回避しえたはずだ。もちろん、それに応じるだけのものを、ウクライナ側が有しているかどうかという問題はあるにしても、である。

二〇二二年〜

二〇二二年二月から同年五月はじめまでの戦史をたどってみる。

二月二四日：ロシア軍、ウクライナ侵攻、キエフを含む複数の都市でインフラや軍事施設などをミサイル攻撃。モスクワおよびサンクトペテルブルクでデモ。二五日：ロシア軍、チェルノブイリ原発占拠。二七日：ハリコフで市街戦。

三月四日：ロシア軍、ザポロジエ原発を砲撃。五日：ポーランドとハンガリーがウクライナ難民を歓迎（他方で中東難民を拒否しているのでダブルスタンダードといわれる）。ブルガリア首相「これまで見慣れてきた難民とは違いヨーロッパ人だ、知的で教養がある」。アメリカＣＢＣテレビ「キエフは、アフガニスタンやイラクと比べて比較的文明化され、ヨーロッパ的な都市」。一一日：市長拉致相つぐ。一二日：ロシアが精神病院を攻撃。一三日：黒海に面するウクライナ沿岸をロシア海軍が封鎖。一四日：国際銀行間通信協会（ＳＷＩＦＴ）がロシアの銀行を決済網から遮断。一五日：ハンガリーのオルバン首相は、ウクライナへ武器を供与せず、戦争には関与しないと表明。一六日：ゼレンスキー・ウクライナ大統領がアメリカ連邦議会に向けて演説、真珠湾攻撃やアメリカ同時多発テロを例示。二三日：ゼレンスキー、日本の国会で演説。

四月一三日：ウクライナ軍、巡洋艦モスクワをミサイル攻撃、同艦は翌日に沈没。一七日：ロシア軍、マリウポリに空爆、民族主義者の準軍事組織アゾフ大隊が抵抗。二一日：マリウポリ制圧宣言。二四日：アメリカのブリンケン国務長官とオースティン国防長官がキーウ訪問、戦術無人機フェニックスゴーストと無人機スイッチブレードなどの兵器支援。五月六日：マリウポリのアゾフスターリ製鉄所から民間人五〇人が脱出、アゾフ大隊七人死傷。九日：対独戦勝記念日式典でプーチンは戦争宣言せず――。

多くの問題が抽出できるが、ここでは一つのことがらだけに絞る。私は、ウクライナ戦争に限らず、現在の戦争は**無人航空機と民間軍事会社**により遂行されると考えてきた。いま、小型で使い捨ての徘徊型兵器または神風ドローン（スイッチブレード三〇〇など）の使用については、ウクライナ軍がロシア軍を上回っているといわれている。たとえば、旗艦モスクワは、ドローンＴＢ２が目標を補足したうえで、水面わずか数メートルの高度で飛ぶ新型巡行ミサイル・ネプチューンにより撃沈されたといわれる。加えて、イーロン・マスクが一万台以上のアンテナを提供したという、小型衛星を使うネットシステム「スターリンク」は、ドローンを使った偵察や攻撃に活用されているとも報じられている。

畢竟、無人機に関しては性能と機数そして技術（英米による軍事訓練の提供と軍事衛星による情報提供）の差によって優劣が決まるという、身も蓋もない事実があるだけだが、この点が作戦の成否に寄与する割合はきわめて大きい。一方、民間軍事会社は退役軍人や傭兵によって形成されるが、この部分はひとえに将兵の経験差と、使用可能な武器の性能の差によって、優劣が決まるであろう。しかし、無人機と民間軍事会社による戦争は、民族主義的な愛国心からは常に遠心力が働く。つまり、無人機による戦闘は、戦車と塹壕による白兵戦とは違って、たしかに自軍兵士の死亡も心的外傷も少ないだろうが、それに比例して英雄が誕生する確率も低い。同様に、民間軍事会社が白兵戦を展開したとしても、国軍に所属していない分だけ、彼らは愛国の戦士には祭りあげられにくい。

民族国家間戦争では、このような無人機および民間軍事会社と愛国主義とのあいだにおける空隙の存在が、はかりしれないほど大きな問題を孕む。現下のウクライナ戦争では、ウクライナ軍は、両者のあいだの空隙を、職業軍人と徴兵制（「国のために戦う女性兵士」を含む）に加え、自国の志願兵（アゾフ大隊や地域防衛隊と呼ばれる民間組織）によって埋めている。

それに対し、ロシア軍は、徴集兵の士気が上がらず戦車を置き去りにし、あわててシリアから傭兵を集めたが、他方で政府への批判さえいとわない「ロシア兵士の母の委員会」などにより、空隙を埋めることはきわめて困難な状況だ。要するに、緒戦における民族主義的愛国心の抗争においては、まちがいなくウクライナが勝利しているのである。

緒戦の形勢のまま、ウクライナ民族主義の勝利と、ロシア新ユーラシア主義の敗北へ行きつくかどうかはわからない。しかし、仮にそうなったとしても、そこに未来はあるのだろうか。未来の萌芽は、民族主義を超えたところ、すなわちウクライナでいえば、かつてのマイダンの解放空間の中に、そしてロシアでいえば、モスクワおよびサンクトペテルブルクでの反戦デモと、ロシア兵士の母の委員会の中にしかないのではないか。

#日本

戦争と聞くだけで軍服を着て世界のどこへでも駆けつけたというエンゲルスほどではないにしても、どこかでウクライナの民衆に加担したくなる自分がいる。たとえ、かつてのベトナム民衆の勝利が、結局は単なる国民国家の形成に終わったことを知っていても、である。同じことを別の言葉でいうなら、ベトナムに平和を！　と叫んでいた市民運動のような、みっともない真似はしたくないから、ウクライナに平和を！　といった空疎な言い回しは、まっぴら御免被りたいと願う自分がいる。

一方、では日本がどこかの国から侵略されたときはどうするのかと、居丈高に叫ぶ人たちもいる。イメージトレーニングをしておくことは必ずしも無駄ではないだろうから、現時点で思うところを書き連ねておくが、たとえば、高市早苗が最高司令官だとして、彼女から「申し訳ないですけど最後まで」戦うよう命令されたなら従うのか。あるいは、安倍晋三や岸田文雄が成年男子総動員令を発したならどうするか。

　私なら、こういう連中の指令に殉じて玉砕するくらいなら、他にどんな事態が生じようと（つまり領土が占領されようと）まだましだと考えるだろう。寺山修司ではないが、身捨つるほどの祖国があるとは思えないからだ。したがって、おそらく、こういう連中とは別の、少人数の独立組織に所属し、速成でドローンの操作を練習して、侵略軍に対する反撃に加わる道を選ぶだろう。

　もっとも、このように空想する前に、やっておくべきことがある。いうまでもなく、それは、憲法を改正することでも、防衛費をＧＮＰの二％に増額することでも、核シェアリングでも、またアメリカから榴弾砲を調達することでもない。それらには、ことごとく反対だ。

　そうではなく、まず、原発に関して、ジュネーブ条約の遵守を求めるにとどまらず、技術的・工学的防御体制を開発することだ。（私は原発そのものに反対していないからこういう言い方をするが、原発が不要というなら撤去してしまうほうが早いのはいうまでもない。しかし、その場合でも、廃炉のための研究開発が必要だ。）そして、何よりも、**自衛隊を国連待機部隊として位置づける小沢構想**を、精緻化し実現することだ。

　軍事以外にもやるべきことがある。自由経済圏構想の拡張を推し進め、その先にＥＵのような形で国境を開く端緒を形成することが必要だ。こうして常に**民族主義へ収斂しない思想**を手離さないことの裡にしか、未来は構想しえないのである。

コラム1　ウクライナ・マイダン革命下の音楽：「ピアノ」

▼『ペンギンの憂鬱』で有名な作家クルコフの『ウクライナ日記』には、マイダン（広場）のバリケード内に張られたテントの一つ「アート・バービカン」についての記述がある。そこには、革命的絵画の常設展があり、詩人や作家の朗読や講演があり、そしてシンガーソングライターのライブもある。ユーロマイダンの活動家には、作家もロック歌手もいる。彼らは革命を生きているが、敗北すれば全員が刑務所に拘禁されることを理解している。

▼加えて、クルコフの本の訳注には、次のように記された箇所がある。《街頭に置かれたアップライトピアノをリヴォフから持ち込んだ青年もいた。〔略〕青と黄色に塗られたピアノでショパンを弾く彼の写真は、フリーダム・ハウスの写真コンクールで優勝した。また、氷点下15度の夜に、目出し帽の活動家が弾く様子を通行人が携帯で録画したものが、YouTubeで50万以上の視聴を集めたりした。》

▼この状況を撮影したドキュメンタリー映画「ピアノ」（ビータ・マリア・ドルィガス監督）は、マイダン革命の翌年の二〇一五年に制作された。これまで日本で上映されていたかどうかは寡聞にして知らないが、私は二〇二二年になって初めて観ることができた。

▼この映画は、敷石を剥がし、投石用の大きさにハンマーで砕くところから始まる。その後、音大生とおぼしき女性、プロのピアニスト、目出し帽の義勇兵らしき青年が、それぞれピアノを弾くシーンがある。彼女ら／彼らを取り囲む民衆と活動家がいて、国歌「ウクライナは滅びず」がうたわれる。もちろん、国歌だけではない。（ちょうど、かつての新宿高校のバリケードで、若き坂本龍一の演奏するドビュッシーのピアノ曲が流れたという伝説のように）ショパン、シューベルト、そしておそらくオリジナルらしい曲も演奏される──。

▼気になるのは、マイダンの中でも、戦闘服姿のやや年配の男性（「右派セクター」か？）が、雨にさらされるままにピアノを放置し、また、演奏しようとする音大生を、熾烈な戦争下では、ピアノなぞ無価値であるかのように振舞う場面だ。再び『ウクライナ日記』に目を移せば、迷彩服を着た男女の活動家カップルが隊列をなして練り歩き、そのため政府は志願者を募って国民軍の設立を提案、そして彼らを対象にした軍事訓練が始まっているとの記述がある。この流れが、善悪はともかくとして、現在のロシアの侵略に抗する戦闘を支えているに違いない。

▼このような流れは、いわば楽器を武器に持ち替える動きであり、戦闘の局面ではそうせざるをえないことは、ある範囲では確かだ。現在の侵略戦争の状況に対峙しようとすれば、私もそうするだろう。だが、それはあくまで過渡期の状況ではそうするということであり、究極の目的が愛国主義にあるのではない。ウクライナ国歌には「コサック民族の血」という歌詞があるが、自由

を民族主義に収斂させることはできないからだ。

▼彼らの演奏は、やわな平和主義の活動ではない。親露政権は、そのことをよくわかっていたからこそ、彼らを「ピアノ過激派」と名づけて徹底的に弾圧したのである。

第2章 続ウクライナ戦争

#ソルジェニーツィンとプーチン

二〇〇八年八月三日、ソルジェニーツィンは八九歳で死去した。その翌々日、ロシア科学アカデミーで行われた葬儀に参列したプーチン（当時は首相）は、式典後に放映された談話で「〔ソルジェニーツィンは・引用者註〕あらゆる形態の圧政に対する社会の抵抗力を大幅に高めた」と述べ、彼の作品は学校教育のカリキュラムの中で、それに値する位置を与えられるべきだと語った（AFP通信）。その後、ソルジェニーツィンの作品の一部は、実際にロシアの学校で必読書に指定されるとともに、生誕一〇〇年にあたる二〇一八年には銅像の除幕式が行われ、そこにはプーチン大統領も出席した（「西日本新聞」二〇一八年一二月一一日）。

ソルジェニーツィンとプーチンには、大きく重なりあう面と微妙にずれる面の両方がある。もっともソルジェニーツィンの主張には時期による多少の違いがみられるが、そのことについては文献学者に任せることにして、ここでは『甦れ、わがロシアよ』に記された内容をたどってみる。

《しかしながら、人間というものは、こんな理不尽で生殺しの状態におかれても、たとえそれが一生続こうとも、耐え忍ぶことができる。ところが、それがいったん自分の**民族**の誇りが傷つけられ損なわれると、もはやとても我慢はできないのだ！　いや、そうなったら、長年にわたる従順さを忘れて、われわれは怒り狂い、石ころ、棍棒、槍、鉄砲を手にして、隣りあっている民族に襲いかかり、家々に放火し、人びとを殺戮するのだ。》〔引用中のゴチックは原著者・以下同〕

ソルジェニーツィンのいう《理不尽で生殺しの状態》《長年にわたる従順さ》とは、ロシア型共産主義と、その下での民衆の姿を指している。彼によるなら、共産主義とはロシア人にとってもウクライナ人にとっても神話であり、神話の実態は一九二一〜二二年の飢饉と一九三二〜三三年の飢饉だった。その神話が崩壊するやいなや、人間を支えるものは民族しかなくなり、それさえもが崩壊の危機に直面すると、民族間戦争が勃発すると言っているのだ。

ロシア型共産主義の不幸を民族主義によって代替するという発想は、プーチンにも共通して認められる。プーチンは、ボリシェヴィキの歴史を批判し、ロシースキー〔ロシア皇帝に忠誠を誓う人たち〕のネットワーク型帝国主義によって代替しようとした。だが、それは容易にルースキー

（ロシア語を話すロシア正教徒の人たち）の民族主義へと退行する性質を刻印されていた。そのことは、第1章で指摘しておいたとおりだ。

ところが、ソルジェニーツィンは、プーチンとはやや異なり、ルースキーの民族主義への一直線の移行を主張した。

《さて、私の見解では、今ただちに大声で、しかも明確なかたちで、次のごとく宣言すべきである。すなわち、バルト三国、外コーカサスの三共和国、中央アジアの四〔引用者註・「五」か?〕共和国、さらにルーマニアとの統一を求めているならばモルダビアを含む十一〔引用者註・「十二」か?〕共和国を、**間違いなく、しかもあと戻りしないように分離する**と宣言することである。》

《さて、この十二の民族を差し引けば、古代からの呼び名であるルーシと呼べるような土地が残ることになる（「ルースキー」という言葉は、何世紀にもわたって小ロシア人と大ロシア人と白ロシア人とを指して使われてきた）。あるいは、この土地をロシア（十八世紀からの名称）あるいは、より正確に今はロシア連邦と呼ぶことができる。》

ソルジェニーツィンが民族主義への一直線の移行（というよりも退行）を主張した理由はシンプルだった。一二の共和国までをも含む広い地域、すなわち帝国（彼もまたこの言葉を用いている）を支えるだけの力がないという理由だ。

その点について、プーチンはどう考えているのか。二〇一〇年頃からのプーチンの構想、すなわちユーラシア経済連合（EAEU）をEUと連携させる構想（「リスボンからウラジオストクまで」）については、すでに第1章で着目を促しておいた。

プーチンは、今もこの構想を手離していないようだ。二〇二一年の論文「ロシア人とウクライナ人の歴史的統一性について」において、《私たちは、ウクライナの最大の貿易および経済パートナーとして、ウクライナ‐ロシア‐EUの枠組みで新たな問題について議論することを提案しました。しかし、いつの場合も、ロシアは何の関係もない、問題はEUとウクライナだけに関係していると言われ続けてきました。西側諸国は、ロシアからの対話の申し出を一度ならず拒否しました。》（「原子力安全研究グループ」のウェブサイト[*1]より）と述べているからだ。

つまり、**プーチンは、「リスボンからウラジオストクまで」という、新ユーラシア主義に基づいた経済圏構想が可能だと考えられる限りは、ロシースキーのネットワーク型帝国主義を完全には手離すことがない**。常にルースキーの民族主義への退行が見え隠れしているにもかかわらず、である。事実、後述するように、ウクライナ侵略後の二〇二二年六月一七日にも、プーチンは、ウクライナのEU加盟について、「全く反対せず」と表明している。

#レーニン

ソルジェニーツィンの考えるところでは、ウクライナがロシアから分離された原因は、レーニンにあった。

《ドイツがこの戦争〔引用者註・第一次世界大戦の東部戦線〕で勝利を収めることは――もう確実だ。だとすると――ドイツは皇帝に対する闘いでは、当然、最良の同盟者ということになる。／見ろ、ロシアの国章の猛禽（双頭の鷲）もついに罠にかかったではないか！〔略〕いまおまえは、その周辺領域をぶざまにこそげ取られようとしている――キエフまで！　ハリコフまで！　リガまで！〔略〕ロシアはその手足を切り取られて、まる裸になればいいのだ。ポーランド、フィンランドを――分離！　沿バルト地方を――分離！　ウクライナを――分離！　コーカサスを分離！　そしておまえはくたばるがいいのだ！》（『チューリヒのレーニン』）

＊1　https://drive.google.com/file/d/1TL3CrlO8j2wEBo721NxCAi48WKPJtiQS/view

帝国主義戦争を内乱へ転化せよと呼びかけたレーニンは、ロシア革命後の全ロシア＝ソビエト会議において即時停戦の提案を行った。その帰結としてのブレスト＝リトフスク条約が、ウクライナをロシアから分離させたと、ソルジェニーツィンはこの小説で暗示（というよりほとんど明示）しているのである。

同様の考え方は、プーチンにもみられる。プーチンは、先に引用した論文において、《現在、ウクライナを丸ごと外国の支配にゆだねようとしている人々にとって、一九一八年のそのような決定がキエフの政権にとって致命的な過ちだったことを思い出すのは意味があるでしょう。》と述べている。ここにいう《一九一八年のそのような決定》とは、ウクライナの中央ラーダ（議会）が、同盟国からの軍事援助の見返りに、百万トンの穀物を提供したこと（パンの講和）を指している。つまり、レーニンとボリシェヴィキがパンの講和を許してしまったこと、そして、結局はドイツ占領軍によって中央ラーダが倒されてしまったことを、ウクライナ分離問題へ結びつく失敗として指摘しているのである。

附記するなら、レーニン亡き後のボリシェヴィキに対してもプーチンの非難は続き、一九一八年にドネツク・クリヴォーイ・ソビエト共和国が独立宣言を行ってソビエト・ロシアへの加盟の意向を示したにもかかわらず、認められなかったことにも及んでいる。その結果、ドネツク・クリヴォーイは、ウクライナ南東部の地域を形成するだけにとどまったからである。

こうしてみると、**領土‐国境問題に関する限り、ソルジェニーツィンとプーチンの考え方は、ボリシェヴィキに対する非難という点で、かなり似通っていることがわかる。**

対照的に、領土と国境をめぐるレーニンの発想は、良い意味で楽天的だった。レーニンは、塹壕内で交戦国の兵士どうしが交歓を行っているという新聞記事に触れて、次のように述べている。

《すべての社会民主主義新聞と第二インタナショナルのすべての権威者が社会排外主義を支持しているにもかかわらず、交歓のケースが可能であったとすれば、すべての交戦国の左派社会主義者だけでも、こういう方向をめざして系統的に活動する場合、今日の犯罪的、反動的、奴隷主的な戦争をどの程度まで短縮し、どの程度まで革命的な国際運動を組織することができるかを、このことがわれわれにしめしている。》（「社会主義と戦争」）

こういう兵士どうしの交歓がどこまで事実だったのか、レーニンは必ずしも確信を持っているわけではない。しかし、ドイツやイギリスの軍当局が交歓禁止の法令を出したということは、交戦国の政府とブルジョアジーが交歓に怖れを抱いているからだと考えている。いいかえるなら、レーニンにとっては、兵士どうしの交歓が国境を超えることの重要性に比べれば、交戦国間の国境の線引きなどは、ほとんど取るにたりない問題だった。

だからこそ、ツァーリズムのロシアの人口一億七〇〇〇万人のうちの四三％でしかない大ロシア人が、残りの一億人を抑圧し、《ガリチアを略取し、ウクライナ人の自由をすっかり窒息させ、アルメニア、コンスタンチノープルなどを略取するために、戦争を行っている》ことを、無条件に批判したのだった。そして、その上に立って、「労働者は祖国をもたない」というマルクスの言葉を忘れてはならないと、強調したのである。

レーニンの頭の中では、常に国家の死滅が意識されていた。彼のノートには、国家は廃止されるのではない、それは死滅するのであるという、エンゲルスの『反デューリング論』の中の言葉が書き写され、「それは死滅するのである」という箇所にはアンダーラインが引かれていた。

だが、次章で再論するように、レーニンが構想した国家の死滅は、今日に至るまで実現していない。唯一、ＥＵが国境を廃止する試みへと踏み出してはいるが、その歩みは遅い。

このような現実に際し、ソルジェニーツィンはルースキーを対置することしかできず、また、プーチンはロシースキーを対置しようとしたが上手くいかずにルースキーへの退行を余儀なくされつつあることは、すでに何度も指摘したとおりだ。つまり、**ソルジェニーツィンもプーチンも、かつてレーニンが政治的なペテンと呼んだ汎スラブ主義へと退却し、愛国主義を競い合っている**のである。

『戦争と平和』

吉本隆明は、レーニンの戦争論とシモーヌ・ヴェイユの戦争論を対比しつつ、次のように述べている。

《レーニンは、自分の国が負けるように働きかけるというか、そういうふうに考えるのが一般民衆の立場だというけれども、それはちょっとおかしいのではないか。〔略〕つまり自分の国が負けるようにと考えたって、相手の国からすれば〔その国の・引用者註〕民衆が勝つために戦争をやるということを意味するので、ちっとも民衆の立場ということになっていないじゃないか――というのが、シモーヌ・ヴェイユの戦争についての考え方です。》

《戦争を例にとれば参謀本部みたいに、図上で「こう考えて、こうやればいい」と言っている人と現に兵士となって戦場に行って命のやりとりをする人――との区別、つまりより多く精神的なものが関与する労働と体を動かす労働との区別は人間の中からなくすことができないんじゃないか。〔略〕ヴェイユはそれ以上の戦争についての考え方とか解決の仕方とかいうのを考えることなしに、そこのところで行き詰ってしまったといいますか、終わってしまったというふうに、大雑把にいうと言うことができます。》（『戦争と平和』）

では、レーニンでもなくヴェイユでもない考え方はありうるのか。吉本は、ありうると言っている。

《もっと極端に言えば、国家というものをなくしてしまえば国家間戦争というのはなくなってしまいますから、なくしちゃえばいいわけですけれども、ある限りはどうしたらいいのかといえば、憲法の中にでもいいですけれども、一つ条項を設ける。〔略〕政治的な国民のリコール権、つまり国民主権の直接行使という条項を憲法の中に設けるということが戦争を防止する最後の課題になっていく。》（前掲書）

先に記したように、レーニンは、エンゲルスの「国家の死滅」という概念を、何度も反芻していた。だから、ロシア革命以前から、レーニンの構想の中にはリコール権があった。そして、ロシア革命直後には、「国家の全行政機構と大衆との結合」「ソヴェト成員が国家統治活動を果たし、つぎに、全住民がソヴェト組織に参加し、国家行政の義務を果たすようになること」等々と並んで、「選挙・リコール手続きの簡略化等による民主主義の完全化」を、ソヴェト権力の歴史的任務として示していた。

しかし、レーニンは、それを貫徹することができなかった。したがって、戦争に関しても、一国でだけでなく全世界でブルジョアジーを打倒するまではという条件つきではあったが、帝国主義に反対するプロレタリアートによる正義の戦争が必要であるとした。

この点に関し、ヴェイユは、《しかし問題は帝国主義ではなくて戦争そのものであった》としつつ、次のように述べている。

《そしてひとたび権力を握り、ブレスト＝リトフスク和平条約を調印せざるをえない立場に追い込まれたとき、彼ら〔ボリシェヴィキ・引用者註〕はそれをはっきりさとったのである。当時旧軍隊は解体されており、レーニンはマルクスにならって労働者の独裁には軍隊も警察も永久的な官僚制も存在を許されぬとくり返し説いていたのだった。しかし白衛軍の存在と外国の干渉の恐れとのために全ロシアは間もなく戒厳令下の状態になった。そこで軍隊が再建され、将校の選出は廃止されて旧体制の将校三万人が現役にくり入れられ、死刑やかつての軍律や中央集権制が復活させられた。》（「戦争にかんする考察」）

ヴェイユを、吉本は、「革命戦争」という概念が成り立たないことをうまく鋭く洞察した最初の思想家（『甦るヴェイユ』）だと評価した。たしかに、彼女の言うとおり、レーニンとボリシェヴィキが復活させた旧体制の将校と軍律と中央集権制が、国家と戦争を再び強化することにしかならなかったことは自明だ。

国家はリコール権によって死滅へ近づくことができるとして、では、戦争はどうしたらなくなるのか。吉本は、リコール権の獲得とともに、自衛権の発動についても同様の仕組みを提起している。

《つまり自衛隊を動かすなら、どういうときに動かすことができるんだという組織と制度を国内的にちゃんとつくることです。たとえば、各職業、各階層から百人なら百人の委員を任意に選ぶ。そしてその委員たちの全面的な同意がなければ自衛隊は動かせない、という真の意味でのシビリアン・コントロール（文民統制）にしてしまうのです。そういう条項を憲法に盛り込む。》（『「ならずもの国家」異論』）

このような仕組みを採用すれば、国軍は国軍でなくなり、民衆の軍隊へと変貌する。ちなみに、この吉本の提案とは別に、小沢一郎の国連待機軍構想も、国軍が国軍でなくなるための、もう一つの道筋を描いているといえる。小沢の構想は、自衛隊とは全く別に国連専用の組織を編成して国連に提供し、部隊は国連事務総長の指揮下に入るというものだ。

私は、上記の小沢構想の実現が必要ではないかと考えてきた。しかし、吉本は、この構想に対し若干の疑念を表明している。

《さらに彼〔小沢・引用者註〕は国連主義を先験的に認めてしまっていますが、これも僕はちょっと危険な気がするんです。振り返ってみると、社会党や共産党や新左翼がロシアの第一、第二、第三インターナショナルに共鳴して、国家の上に位置する連合体をつくり、社会主義を世界に広めたつもりでいたら、結果的にはソ連一国を擁護する道具にされてしまいました。日本の左翼的な知識人はみんな騙され、ソ連を擁護するための論理と倫理を作らされた挙げ句、一般民衆は誰も解放されなかったわけです。》（「わが転向」）

国連が民族国家間の力の均衡のための組織にとどまっている限り、吉本の危惧は払拭されない。だとすると、当面、国連待機軍の出動には、日本で任意に選ばれた委員の全面同意を必要とするという、二重の歯止めが必要になるだろう。

#国民総動員令と「意志の問題」

第1章で、私は、ウクライナ戦争の開戦から二〇二二年五月九日の対独戦戦勝記念日までの戦史をたどっておいた。ここでは、それに続く経過を略述してみる。

五月九日：米「レンドリース（武器貸与）法」成立。一四日：ウクライナ軍、ハリコフからロシア軍撤収と発表。一五日：スウェーデンとフィンランド、NATO加盟申請を正式決定。一六日：CSTO（集団安全保障条約機構）、同条約締結三〇周年を記念しモスクワでサミット開催。一七日：マリウポリ製鉄所の残存兵約二六〇人が投降。一八日：集会でブッシュ元大統領、「イラク侵攻は不当」と言い間違い、聴衆は爆笑。二二日：ゼレンスキー大統領、男性の出国を求める請願書を退ける意向。二八日：ロシア国防相、東部リマン制圧と発表。三〇日：EU、ロシア産原油の禁輸を柱とする対露制裁案について合意（ハンガリーなどが利用するパイプライン経由の原油は除外）。三一日：バイデン、高機動ロケット砲システム（HIMARS）を新たにウクライナに供与する方針。

六月九日：「ドネツク人民共和国」の裁判所は、ウクライナ側の傭兵だとして英国人二人とモロッコ人一人に死刑を言い渡す。一〇日：マリウポリ市長は、コレラや赤痢が発生していると。一七日：プーチン、ウクライナのEU加盟に「全く反対せず」と表明。二〇日：ブリュッセル（インフレ率九％）で約七万人が物価高騰に対しデモ、公共交通網は一日ストで停止状態。英国（インフレ率一〇％台へ）でも過去三〇年間で最大の鉄道スト。二一日：ウクライナ軍、黒海沿岸のズメイヌイ島を集中攻撃、ロシア軍のレーダー基地などに重大な損害を与えたと発表。二二日：ドニプロ市の病院でウクライナ軍負傷兵二人（教員）、共同通信のインタヴューに応じ、ロシア軍の戦車に自動小銃のみで攻撃、

「自殺行為に近い作戦」を命じられたと。二三日：EU首脳会議。二三〜二四日：BRICS五か国、オンラインで首脳会議。二五日：ウクライナ軍、ルガンスクの要衝セベロドネックから撤退。二六日：G7サミット開催、他に五か国（インド、インドネシア、セネガル、南アフリカ、アルゼンチン）を招待。二八日：エルドアン・トルコ大統領、フィンランドとスウェーデンのNATO加盟に同意。

七月一四日：ウクライナ軍、ヘルソン州ノバカホフカのロシア軍検問所を攻撃、一三人を殺害。一九〜二〇日：ウクライナ軍、ヘルソン州にかかる大型橋をHIMARSで砲撃。二三日、ロシア軍、穀物積み出しのオデーサ港にミサイル攻撃。

八月五日：ザポロジエ原発攻撃を双方が非難。一五日：ウクライナ軍、ルガンスク州のロシア民間軍事会社ワグネルの拠点を破壊。二〇日：モスクワ郊外で、思想家のドゥーギンの娘の車が爆発、娘は死亡。

九月一〇日：ロシア軍、イジュームから撤退（後に約四四〇人埋葬の集団墓地がみつかる）。二一日：プーチン、部分的動員を行うと発表（動員令抗議の一三〇〇人を拘束）。三〇日：プーチン、四州を編入宣言。

一〇月八日：クリミア半島とロシア本土を結ぶケルチ橋で爆発。一〇日、ロシア軍、キーウにミサイル攻撃。二九日：ウクライナ軍、黒海艦隊に自爆水上ドローン攻撃。三一日、ロシア軍、キーウを含む全土にミサイル攻撃、首都で断水・停電。

これらに、いくつかの注釈をつけておく。

五月三〇日の、ハンガリーなどが利用するパイプラインの制裁除外規定は、経済問題にとどまるものではなく、宗教、政治問題をも含んでいる。たとえば、ハンガリーは西暦一〇〇〇年にカトリックのイシュトバーン一世によって建国されたため、「非自由民主主義」を掲げる民族主義者のオルバン・ハンガリー大統領は、キリスト教的価値観を重視し、制裁リストからキリル総主教の除外を求めた。加えて、オルバンは、過去にウクライナ西部のハンガリー系住民地域に財政支援を行い、この地域への自治権付与を求めたことから、ゼレンスキーとは敵対関係にある（二〇二二年六月九日「毎日」）。

また、六月一七日における、ウクライナのEU加盟に反対せずとのプーチン発言に関連していえば、かつてのプーチン―クリントン会談（第1章参照）の内容とも重なるが、BBCのインタヴューに対し、プーチンはロシアのNATO加盟について「対等なパートナーならば、加入の可能性を排除しない」と答えている（「毎日」同上）。

さらに、六月二四日のBRICS拡大首脳会議は、二六日のG7サミットを前に、米欧を牽制する目的で開催されたといわれる。ちなみに、同首脳会議には、ブラジル・ロシア・インド・中国・南アフリカ以外に、アルゼンチン、エジプト、インドネシア、セネガルなど一三か国が招待された。

すぐにわかるように、ＢＲＩＣＳの招待国とＧ７の招待国には重なりがあり、いわば綱引きが行われている状態にある。

加えて、八月二〇日のドゥーギンの娘の死亡は、ドゥーギンその人を狙った行動であろう。ドゥーギンは極右の理論家として有名であるが、その影響はカウンターカルチャー界隈の小さなグループに及んでいるに過ぎないとされる（マルレーヌ・ラリュエル『ファシズムとロシア』）。彼の娘の殺害がウクライナの部隊によって行われたのか、ロシアの反プーチングループによって行われたのかは不明だが、いずれにしても政治や軍事をよくわかっていないか、あるいはわかっていながらあえて象徴的なプロパガンダになりうると錯誤した者たちの手で実行された、一種の非行というべきであろう。

さて、上記以外に、何といっても眼を惹くのは、五月二二日の請願書である。ここでいう請願書とは、一六～六〇歳の男性は原則として出国を認めないと定めるウクライナの国民総動員令に対して提出された、出国を可能にしてほしいと求める二万五千人の署名を指している。この請願書を目にしたゼレンスキーは、「命を落とした息子を持つ親に、この請願書を示せるのか」、「署名者の多くは、故郷を守ろうとしていない」と非難したと報じられている。

ゼレンスキーは、大きな勘違いをしているようだ。ロシアの侵攻で自分の家族が命を落としたなら、私であれば断固、戦うだろう。また、故郷の住居が灰燼に帰したなら、やはり戦うだろう。

だが、それは私が勝手に判断することであって、ゼレンスキーや安倍や高市早苗に指示される筋合いのものではない。
ちなみに、吉本隆明は、肉親が目の前で殺された人たちが応戦することに対しては、憲法九条は規定するだけの力を持っていないし、規定すべきでもないと断言している。

《つまり個人や家族の問題から発生するのは、個人の戦争であり正義の紛争であるという個人幻想、対幻想のことになり、国と国との共同幻想の戦争とは全然次元が違うものだといえます。けれども、そうなった場合に、その場だけ凶悪になるかもしれないし、我慢してなにかで代償するようなことを考えるかは、個人の問題になると思います。》(「第二の敗戦期」)

この点を、ゼレンスキーは理解していないのではないか。だから、あたかも第二次世界大戦中の日本のように、総動員令を発し説教を垂れることになる。
それにも増して、もし六月二二日の「自殺行為に近い作戦」という話が事実だとすれば、かつての日本軍の命令そのものだ。私なら、こういう指令や命令に従うくらいなら、敗戦のほうがましだと考えるだろう。逆に、次に引用するような命令が下士官から発出されたなら、たとえその下士官が年下であっても、まあこいつの言うことなら聞いてやろうという気持ちにさせられる。

《みんなはかなりの年配で、その点自分は敬意を表しているんだ。だが、兵隊としては自分の方が先輩なんだ。それで早ければ今夜始まる戦闘で、みんなは自分の命令をよくきいてもらいたいんだ。というのは、自分もこれまで戦闘には何回も出て、その都度死線を突破して来ているんだ。だからその体験を生かして、自分が命令を下すから、みんなは自分勝手に飛び出したりして、取り返しのつかぬ蛮勇などふるわないように〔引用者註・「犬死などしないように」と記された版もある〕して呉れ。な…》（木山捷平『大陸の細道』）

この小説に書かれているままの言葉が、実際に発せられたのかどうかはわからない。だが、小説の体裁をとっていても、中年の応召兵である木山捷平にとっては、これが理想の指揮官の言葉だったのだろう。乳母車を敵の戦車に見立てて、そこへ爆弾に見立てたフットボールを抱え飛び込む訓練の場面の次に描かれているのだから間違いない。

しかし、ドニプロ市の病院へ収容された元教員のウクライナ兵たちの上官は、そのようには振舞わず、戦車に自動小銃のみで突撃する「自殺行為に近い作戦」を命じた。あくまでそれが事実だとするならという留保つきで言うのだが、このような指令や命令が支配している限り、仮に国家が戦争に勝利したとしても民衆の勝利はなく、民衆の生と死は永遠に国家に収奪されつづけることになるに違いない。

#この章のおわりに

ここまで書いてきたなら、上記とは似て非なる問題として、よくある進歩派の錯誤をただしておくことも必要だろう。それは、いくらウクライナが抵抗しようと、ロシアは侵攻をやめないのだから、ウクライナは抵抗を放棄して早く他国に仲裁を委ねるべきだとする錯誤だ。

はたして、ゼレンスキーは東部ウクライナやクリミアを、最初から手放しておけばよかったのか。そうすればロシアによる侵攻はなく、ウクライナは安泰だったのか。私見では、そうはならず、支持率の低迷が続いていたゼレンスキー政府は倒されていただろう。同様に、いま他国の仲裁で停戦に合意したなら再度の支持率低下は避けられず、停戦調印後にゼレンスキー政府は辞職せざるをえなくなるだろう。つまり、ゼレンスキーが停戦の提案に耳を傾けることは、政府の崩壊と引き換えになされるしかないということだ。

結局、ゼレンスキーは戦争を継続するしかないが、それが可能かどうかは、ロシアとの兵力の比較（それももちろん重要だが）以上に、ゼレンスキー政府を民衆が支持し、行動しつづけるかどうかにかかっている。つまり、他国の仲裁が先行することはありえないということだ。

吉本隆明は、かつてのポーランド問題においてヤルゼルスキ第一書記が行った「連帯」への弾圧と妥協に関連し、「意志の問題」という言い方をしていた。ここでいう意志とは国家の意志という意味であり、権力意志や国家意志を放棄したとき権力は崩壊するし、逆に「意志とやりかたがピタッとしてたら」そうはならないという意味だ。

《ある国家とある国家の戦い、ある権力とある権力の戦い、ある国家権力とそのもとにおける市民・大衆・労働者の戦いでは、武装力をもっているほうが勝つに決まってるわけでしょう。〔略〕だけども僕は、かならずしもそうじゃないと思うんです。それは神がかって精神力、根性だといっているわけじゃない（会場笑）。それとは別の次元で、意志、国家権力の意志が決定する要因がたくさんあると思うんです。》（『吉本隆明　全質疑応答Ⅲ』）

「命を落とした息子を持つ親に、この請願書を示せるのか」、「署名者の多くは、故郷を守ろうとしていない」といった精神力論や根性論に象徴されるように、ゼレンスキー政府は権力意志や国家意志を手放そうとはしていない。繰り返して述べるなら、そのときの核心は、武装力の問題以上に、ゼレンスキー政府の指令とウクライナ民衆の行動が、どこまで一致し続けるかにかかっている。

私はウクライナの勝利を衷心から願っているが、精神力論や根性論の浮上を見るにつけ、危うさはそこかしこに漂っているとも思える。

コラム2　二重三重のモキュメンタリー構造：「ドンバス」

▼二〇一四年のマイダン革命の直後、ウクライナ東部のドネツクとルガンスクでは、親ロシア武装勢力が蜂起し、それぞれ人民共和国の「独立」を一方的に宣言した。この時点からの約一年間を描いた一種のモキュメンタリー（モック・ドキュメンタリー）映画あるいは日本風に言えば実録映画が、「ドンバス」（セルゲイ・ロズニツァ監督）だ。

▼映画は、出演者たちのメイキャップ場面から始まる。彼ら／彼女らは、現場に向かうよう指示され、外へ出て走りだす。そのとき、数回にわたって爆音が響く。出演者のうちの一人は、外へ出たら人が死んでいたという嘘を、カメラに向かって話す——。

▼出演前の場面をメイキングフィルムのように見せることによって、これからモキュメンタリー映像が次々と展開されるぞと予告しているわけだが、そういう場面自体からしてモック（模造）であることが、すぐにわかるように作ってある。つまり、二重のモキュメンタリーとでもいうべき構造だ。

▼その上で、映画は、ウクライナの某市議会で女性記者が市長に対し、バケツに入った泥状の何かをかけるシーン、ボリスという太った男が産科病院で院長から賄賂を受け取るシーン、東部占

領地域からウクライナ側へ院長を連れていくボリスのパスポートを確認するため、検問所のウクライナ兵が本部へ照会するが、パソコンが壊れているためわからないという返答が来るシーン…と続いていく。その他にも、怪しげな宗教団体が新政府（ノヴォロシア政府）からベンツを三台寄付させようとするも一台で十分だと返されるシーンや、ノヴォロシアの婚姻・家族法の下に行われているという設定の結婚披露宴のシーンなど、ブラックジョークが随所に挟み込まれている。そして、ネタバレを防ぐために詳しくは書けないが、ラストシーンでは、冒頭の二重モキュメンタリー構造が巻き戻され、三重の構造になって余韻を残す。うまく考えて作ったものだと感心させられる。

▼この二〇一八年の映画が、数年後の日本で公開され関心を惹くのは、もちろんロシアによるウクライナ侵略が開始されたからだろう。しかし、こうなると、必ずと言っていいほど、ピント外れの言説がはびこることもまた事実だ。ウクライナ映画アカデミーが「ロシア映画のボイコットの呼びかけ」なるものを発出し、ヨーロッパ映画アカデミーは「ヨーロッパ映画賞」からロシア映画の除外を決定したという。ウクライナ戦争に参加する兵士らを英雄として扱うドキュメンタリー映画の製作支援を国防省に命じたと伝えられるプーチン（二〇二三年一月四日「日経」）と同根の発想というしかないが、事態はそれだけにとどまらないようだ。ウクライナ映画アカデミーは、ロズニツァ監督を、国家の独立を守る民族的アイデンティティを放棄して世界市民を名のること

は許されないという理由から、除名処分にしたのだという。
▼私はウクライナ民衆の勝利を願ってやまないが、ウクライナ・ヨーロッパ両映画アカデミーのような、勘違いもはなはだしい組織が君臨している限りは、たとえ対ロシア戦争に勝利したとしても、その先には偏狭な民族主義国家が待っているだけではないか。

補章　ゼレンスキー訪米とバイデン

第1・2章では、主にロシア側の政治思想に焦点を当てつつ、ウクライナ戦争をめぐる問題を考えてきた。この補章では、ゼレンスキー・ウクライナ大統領の訪米を軸に、アメリカを中心とする西側の政治思想に内在する、ウクライナ戦争の問題点を解明していくことにする。

#訪米前から首脳会談・記者会見まで

二〇二二年のクリスマスを前にしたゼレンスキーの訪米は、周到に準備されたものだった。BBCニュースによると、ゼレンスキーは同年一二月二〇日に東部の前線を訪れた後、深夜に鉄道でポーランドへ入った。国境の町で待機していた車列には、アメリカ政府が好んで使う黒いシボレー・サバーバンがあった。二一日早朝、ゼレンスキーは国境の町から約八〇キロに位置する空港で、NATOの偵察機とF‐15戦闘機に護衛されたアメリカ空軍機ボーイングC‐40Bに乗り、ワシントンへ向かった。

Guardian紙によれば、それに先立つ一一日にバイデン・アメリカ大統領とゼレンスキーとの電話会談が行われ、その三日後にアメリカ政府はゼレンスキーを正式に招待した。ゼレンスキーは招待を一六日に受け入れ、一八日には訪米が確定した。

このような経緯からだけでも、訪米はゼレンスキー側の一方的な要望によるものではなく、ウクライナ―アメリカ両国の積極的合意に基づいて行われたものであり、それは**両国政府の抜き差しならぬ利害に基づくものであった**ことがわかる。

ゼレンスキーはアメリカ到着後、ホワイトハウスでバイデンおよび国防上の要人と会談し、共同記者会見に臨んだ。BBCニュース（アンソニー・ザーカー北米特派員）によると、記者会見の席上、バイデンはロシアの侵攻を自由と民主主義そして主権と領土保全の基本原則に対する攻撃だと表現、アメリカは強力に対抗すべきだと示唆した。一方、ゼレンスキーは、アメリカのウクライナ支援は世界の安全保障を強化する「投資」だと述べた。

つまり、相変らずの価値観外交を唱えるバイデンに対し、ゼレンスキーは比喩のように聞こえる「投資」という言葉を用いながら、**アメリカの価値観外交はレトリックではなく文字通り「投資」であるべきだと返した**のだった。そして、これもまた、事前にアメリカ側の了解を取りつけた上での返答だったことは論を俟たない。

共同記者会見後、ゼレンスキーは上下両院議員を前に演説した。先に引用したBBCニュースは、ゼレンスキーの本当の仕事は、アメリカの軍事的・経済的援助の紐を握る議員に向けた、連邦議会での演説だったと述べている。その意味では、パトリオットミサイルの提供を引き出した訪米は、ゼレンスキーにとって、ひとまず成功だったといいうるかもしれない。

しかし、同じく上記ニュースは、ウクライナ支援の予算は二〇二二年度に六七〇億ドル、二〇二三年度には四五〇億ドルにものぼるため、それ以上の確保は困難かもしれないと述べている。実際に、すでに二〇二二年五月には、少なくない数の共和党議員がウクライナ支援パッケージに反対票を投じ、ウクライナへの継続支援を支持する共和党の有権者は同年三月時点で八〇％だったが、一一月には五〇％をわずかに超えるところにまで減少しているという。

ちなみに、ケヴィン・マカシー下院院内総務（共和党）は、ウクライナにこれ以上「白紙小切手」を渡すことに懸念を表明し、ミッチ・マコネル上院院内総務が「ウクライナ支援は共和党の最優先事項」と述べた際には、一部の共和党議員が公に不信感を示したと報じられている。

以上のような状況に鑑みるなら、**ゼレンスキーのワシントン訪問は、ウクライナ支援が完全に議題からなくなることがないようにするための努力だった**と、上記ニュースは報じているのである。そして、その努力とは、ゼレンスキーにとってばかりでなく、共和党による反対を意識せざるをえないバイデンにとっても同じだった。

#ゼレンスキーの議会演説

ここで、NHKニュースが報道したゼレンスキーの演説全文から、気になる箇所をピックアップしてみよう。（ゴシックは引用者による。）

（1）〔いまアメリカもヨーロッパもロシアを政治経済的に打ち負かしているが・引用者註〕ただ私たちは、**「グローバル・サウス」**の国々も同様に勝利を得られるように、必要なことを何でもしなければなりません。

（2）ウクライナとアメリカは、この戦いにおいて「同盟国」です。来年は必ず転機が訪れます。私たちに共通する、自身の**価値観**を守る人々の、自由。その未来を、ウクライナの勇気とアメリカの決意が保証する、転機となるのです。

（3）ロシアの戦術はずさんです。彼らは目に入るものすべてを焼き払い、破壊しています。〔略〕まるで**「バルジの戦い」**のように。

（4）より多くの大砲と砲弾が必要です。それがあれば**「サラトガの戦い」**のように、バフムト〔訪米直前にゼレンスキーが訪れた東部の前線・引用者註〕をめぐる戦いは、独立と自由のための戦争の流れを変えることになるでしょう。

（5）アメリカのパトリオット〔ミサイル〕が私たちの都市に対するロシアのテロを止めれば、ウクライナの愛国者〔パトリオット〕が自由を守るために全力を発揮するのです。〔略〕ロシアに送られたイランの無人機は何百機もあり、重要なインフラ施設に対する脅威となりました。〔略〕彼らをいま止めなければ、アメリカの**ほかの同盟国を攻撃**してくるのは時間の問題です。

（6）資金援助も非常に重要です。〔略〕皆さんの支援は慈善行為ではありません。私たちが最も責任ある方法で扱う、**世界の安全保障と民主主義への投資**なのです。

ここでもゼレンスキーは、やはりアメリカ政府の了解の下で、単なるレトリックにとどまらないメッセージを、意図的に発していると考えた方がいい。

たしかにアメリカ独立戦争におけるサラトガの戦いを持ち出したあたりは、（かつてのオンライン演説におけるパール・ハーバーへの言及ほどではないにしても）まあ出来の悪い比喩とでも言っておけば済むことかもしれない。（もっとも、イギリスは多少とも気を悪くするだろうが。）また、ナチス・ドイツ対連合国軍の攻防戦であるバルジの戦いを持ち出すあたりは、ロシアからウクライナに対して貼られたナチスのレッテルを剥がしてロシアに貼りつけなおすという意図に基づくものだろうから、これもまたそれほどの出来栄えではないものの、誰にでもわかる比喩ではある。

しかし、ウクライナとアメリカが「ほかの同盟国」と同様に「自由の価値観」を共有していて、ロシアの侵略は同じ価値観を有する同盟国への攻撃であるというくだりを聞くと、アメリカの新保守主義（ネオコン）から民主党タカ派（リベラルホーク）までを貫く**価値観外交の系譜の中に、自国ウクライナの民族主義を配置せざるをえないゼレンスキーの立場**が透けて見える。

自由、民主主義、人権を旗幟とする価値観外交は、かつての冷戦構造の解体とともに伸張したイデオロギーであるといいうる。自由も民主主義も人権も、それ自体は重要な価値であることに疑いはないが、ひとたび外交戦略に組み込まれるや否や、綺麗ごとではないスローガンへと変質し、価値観を共有しないとみなした国家や地域と対立することになる。それにとどまらず、ひいては軍事力の行使さえをもいとわない力の外交にもなる。（その象徴がロシア撤収後のアメリカによるアフガニスタン侵略であり、また民族統合崩壊後のユーゴスラビアに対するアメリカ＝NATOの介入であるが、これらについては後述する。）

その他、あえて「グローバル・サウス」に触れている点も注目に値する。グローバル・サウスという言葉に関する完全に一致した定義はないが、南半球を中心にした発展途上国を指し、資本主義のグローバライゼーションにより被害を受けている国々と定義しても、大きな異論はないであろう（反対概念はグローバル・ノース）。かつての第三世界という言葉を用いないのはその言葉が冷戦期の概念だったからであり、「グローバル」が冠せられているのは地理上の北半球に位置していても経済的に豊かでなければ「サウス」に含め、南半球に位置していても経済的に豊かであれば含めないからである。

ウクライナ戦争に直接的に関連するグローバル・サウス問題とは、二〇二二年三月二日の国連決議（ウクライナからロシアの即時撤退を求める決議）に際し、ロシアを含む五か国が反対しただけでなく、三五か国が棄権（その過半数はアフリカ）、一二か国が無投票であった事実にほかならない。また、一〇月一二日の四州併合非難決議も、同様の結果となっている。価値観外交の射程の及ばないグローバル・サウスを味方につけるため、アメリカが経済援助の「飴」をこれら諸国に配るよう要請したのがゼレンスキーの演説だった。だが、この要請に対する積極的な反応は、私が目にしえた報道の範囲では見当たらなかった。

#戦争前のウクライナにおけるバイデン

一九九七年、アメリカ上院外交委員会の民主党筆頭理事だったジョー・バイデンは、ポーランドなど東欧三か国のＮＡＴＯへの加盟を推進した。そして、オバマ政権の副大統領就任後の二〇〇九年七月における最初のウクライナ訪問で、バイデンは「ＮＡＴＯとの関係強化を支持する」

と明言した。さらに、二〇一四年四月の二度目の訪問時にはロシアを強く非難したが、他方で二〇一六年にはウクライナの汚職問題についての追及が不十分だとして、一〇億ドルの支援停止をちらつかせつつ、ウクライナ政府に検事総長を解任させた。しかし、二〇二一年の国際NGOによる「腐敗認識指数」では、ウクライナは一八〇か国中一二二位に低迷したままだった。その間、ロシアはバイデンが推進してきたNATOの東方拡大を押し返し、部隊や兵器の配備を一九九七年以前の状態に戻すよう要求したが、大統領に就任したバイデンは、二〇二一年一二月のプーチンとのオンライン協議で「二〇一四年〔ロシアによるクリミア編入・引用者註〕にやらなかったことを今回はやる準備ができている」と警告した（二〇二二年二月三日「毎日」秋山信一）。

以上のとおり、バイデンとウクライナとの関係は、今回のウクライナ戦争以降から突如として始まったものではない。**NATOの東方拡大―経済支援―司法介入という価値観外交は、遅くとも前世紀末から開始され、好戦的なオバマ政権の副大統領時代を経て現在に至るまで、バイデンの一貫したヨーロッパ戦略**なのである。

ところで、バイデンの次男ハンター・バイデンは、彼が幹部を務めていたウクライナのガス企業ブリスマからの資金や、中国やカザフスタンの企業から受け取った贈答品をめぐる税務処理に加え、ウクライナ企業のロビー活動への関与などを対象に、税法や資金洗浄法、ロビー活動関連法違反の可能性を、アメリカ司法当局によって調べられているという（二〇二二年三月三一日「日経」）。このことに関連して、トランプ・前アメリカ大統領は、「バイデンが息子を庇うために、ブリスマを調べていた〔ウクライナの・引用者註〕検事総長を解任するよう圧力をかけた」と主張し、公開インタビューでもハンターに不利な情報を公表するようプーチンに呼びかけたと報じられている。

これらは、単にバイデンが不肖の息子に手を焼いているといった話にとどまるものではない。**価値観外交は常に即物的な資本主義の利害と不可分なのであり、ハンター・バイデンが疑われている経済疑惑は、そのような氷山の一角**に過ぎないのである。そして、ロシア―ウクライナ関係とアメリカ―ウクライナ関係の相克は、資本主義国家の利害をめぐる対立の下ではあたかも写像のように局地化されて、共和党と民主党との対立へと姿を変えることになる。こうなると、NATOの東方拡大―経済支援―司法介入という見かけ上の大義は、資本主義的収支勘定の範囲でのみ議論される宿命を、たどるしかなくなるであろう。

大統領就任に際し、バイデンは、「国家安全保障と外交政策に関して無駄にできる時間はない」「世界を結集し、安全、繁栄、価値を前進させる」「そのためにテーブルの先頭にあるアメリカの席を取り戻す」と述べていた。そこで、彼は、国務長官にアントニー・ブリンケンを据えた。ブリンケンは、クリントンならびにオバマ両政権で外交政策の上級職を務め、欧州主義者、多国間主義者、国際主義者として知られている。また、外交よりも人道名目の軍事行動を支持するリベラル介入主義者と評され、二〇〇三年にバイデンがイラク侵攻を支持した時の側近だった。その信条は「外交は抑止力によって補完される」「武力は効果的な外交の補助となりうる」である。（以上、木村正人による。）

一般に**民主党中道派に位置づけられることの多いバイデンだが、ブリンケンを政権中枢に据えた事実に象徴されるように、とりわけヨーロッパ政策に関してはリベラルホークの介入主義を本質**としていると考えざるをえない。彼にとってウクライナはヨーロッパそのものであるから、介入主義的政策を手放すわけにはいかないのである。

#アフガニスタン侵略におけるリベラルホーク

ウクライナ戦争を、過去のロシアによるアフガニスタン侵略に重ねて見ようとする見解がある（「毎日」西川恵編集委員）。旧ソ連のアフガン侵攻はアメリカの南ベトナム撤退から約四年八か月後に行われ、今回のロシアによるウクライナ侵攻はアメリカのアフガン撤退から半年後に行われた。両者ともにアメリカの主導力の衰えと、それに伴う西側先進国の「隙」をつくものだった。しかし、旧ソ連のアフガン侵攻は、西側の経済制裁とモスクワオリンピックのボイコットなどにより「高くつき」、それが直接的原因ではないにしても結果的にソ連の崩壊を招いた。だから、今回のウクライナ戦争も、プーチンを苦しい立場に追い込むだろうというのである。

はたして、このようなアナロジーは正鵠を射ているのか。旧ソ連のアフガン戦争敗北に続く連邦崩壊と今回のウクライナ戦争とのあいだには、少なくともアメリカによるアフガン戦争が挟まっている。この点をスルーしたアナロジーは成り立たないはずだ。そこで、アフガニスタンに対する旧ソ連およびアメリカの侵略史を、以下にまず振り返っておこう。

旧ソ連のアフガン侵略は、アフガニスタンの親ソ政権を共産主義によって支援する名目で、一九七九年に開始された。侵略に対し、アフガニスタンのムジャヒディン（聖戦士）は、ゲリラ戦で闘った。五年が経過した頃から、アメリカはゲリラ側に武器を供給し始めた。このようなアメリカの介入について、中村哲は著書『アフガニスタンの診療所から』の中で、ソ連の国力を消耗させるため、生かさず殺さずの形で戦争を継続させる戦略だったことは明らかであり、続く地対空ミサイル・**スティンガーの供与**は犠牲をさらに拡大したと喝破している。（ちなみに、映画「ランボー3　怒りのアフガン」では、**スティンガーを供与**するためアフガニスタンへ赴いたトラウトマン大佐がソ連軍に捕えられ、救出に向かったランボーがムジャヒディンと協力して戦闘を行うという設定になっている。）その結果、一九八六年にゴルバチョフはアフガニスタンからの撤収を表明し、一九八八年から一九八九年にかけて完全撤退したのだった。

二〇〇一年の同時多発テロ後、アメリカ・ブッシュ政府は、テロの首謀者だと断定したビン・ラディンの引き渡しをアフガニスタン・タリバン政権に要求し、空爆を開始した。タリバン政権はいったん倒れたものの再び反撃に転じ、そのためオバマによるビン・ラディン暗殺後もアメリカ軍の駐留は続いた。その後、トランプによるアフガニスタンからの撤退声明に続いてバイデンも完全撤退を表明し、結局はタリバンの首都制圧によりアフガン戦争は終結をみた。

以上の経緯が示すとおり、アナロジーを働かせたいならば、**第一に**指摘せねばならないのは、旧ソ連のアフガン侵略に対抗するアメリカのムジャヒディンへの武器供与と、ロシアのウクライナ侵略に対抗するアメリカのウクライナ軍への武器供与の類似性だろう。両者は、スティンガーかパトリオットかの違いはあっても、あきらかに相似形である。そして**第二に**、旧ソ連の撤退とソ連邦崩壊の「隙」をついたはずのアメリカは、ベトナム戦争に匹敵するほどの長期にわたってアフガニスタンに派兵しながら勝利できず「高くついた」。このこともまた、アメリカのアフガン撤退後の「隙」をついたはずの、ロシアによるウクライナ侵略における苦戦と相似形なのである。

ここで、スヴェトラーナ・アレクシエーヴィチの著書『亜鉛の少年たち』について附記しておく。

この本は、アフガニスタンへ派兵された若年兵やその家族に対するインタビューを集めた、秀逸な作品だ。〔同じ著者の『戦争は女の顔をしていない』＝第3章およびコラム3参照＝に登場する人々が曲がりなりにも勝利した大祖国戦争の関係者であるのに対し、このインタビュー集は敗北したアフガン戦争の従軍者たちによる証言であるから、決して名誉に裏打ちされることのない悲惨さばかりが際立っている。〕

この本に登場する元軍事顧問は、インタビュアーでもある著者に対し、「エンゲルスを読んでみてくれ。」と語る。東洋はヤモリと同じで、倒れてはまた起き上がり、小さな頭ひとつ動かさないというのだ。また彼は、デスクや水差しやマルクス・エンゲルス・レーニンの肖像画やトラクターや種牛を配ったが、土地はアッラーのもので人が与えたり受け取ったりはできないという理由により、農民たちは与えられた土地を受け取ろうとしないとも述べている。

軍事顧問が「読んでみてくれ」と言ったエンゲルスの論文は、「アフガニスタン」であろう。過去のイギリスによるアフガニスタン支配の企てと失敗を記したこの論文については、私も前著『精神現象を読み解くための10章』で言及したことがあるが、要するに、部族国家の連合体を国民国家が軍事的に統括しようとしても不可能であることを示した論文だ。また同じ論文でエンゲルスは「彼ら〔アフガン人・引用者註〕は刺激されない場合には度量ある寛容な人々であると言われ、そして厚遇の権利はきわめて神聖でもあるので〔略〕パンと塩を食べるときは、復讐からまぬかれ、他のあらゆる危険に対して家の主人の保護を要求することさえできる。」と記している。このようなアフガン人の気質を理解した人は、このインタビュー集の中にはいたが、おそらく旧ソ連の首脳部にはいなかった。その点では、ソ連撤退後にアフガン侵略を図ったアメリカ首脳部も同様だろう。エンゲルスの論文は英語で記されていたのだから、その論文を読んでさえいれば、アメリカは宗教的水準を無視した攻撃に踏み切るはずはなかった。

#コソヴォ空爆とリベラルホーク

ウクライナ戦争のアナロジーというなら、アフガニスタンへのアメリカの介入以上に、コソヴォへの空爆の方が適切かもしれない。スーザン・ソンタグをして「冗談」と断りつつも「クリントンを待ちながら」[*1]と言わしめたコソヴォ戦争とは、以下のようなものだった。

旧ソ連解体後の一九九一年、ユーゴスラビアは内戦状態に陥り、スロベニア、クロアチアが独立した。一九九二年、ボスニア・ヘルツェゴビナも独立を宣言したが、セルビア人・クロアチア人・イスラム教のスラブ人のあいだで他民族の虐殺（「民族浄化」）を伴う内々戦に至った。一九九五年のＮＡＴＯによる空爆の後、和平合意が成立、ユーゴスラビアはここで完全に解体し、上記三国家およびセルビア、モンテネグロ、北マケドニアに分裂した。

＊1　『サラエボで、ゴドーを待ちながら』（富山太佳夫訳・みすず書房）

一九九八年、自治を求めるコソヴォに対し、セルビアのミロシェビッチ大統領は軍を送り込んだ。翌年、クリントン・アメリカ大統領（当時）は、「人道的介入」を名目にNATO軍による空爆（初めての加盟国域外攻撃）に踏み切った。二〇〇〇年にミロシェビッチは落選し、二〇〇五年の戦闘停止を経て二〇〇八年にコソヴォはセルビアからの独立を宣言した。この独立をアメリカ（や日本等）は承認したが、ロシア（およびスペイン等）は承認しなかった。

もはや何が相似形であるかは明らかだろう。**リベラルホークの最左翼であるクリントンが行った空爆を介してのコソヴォの分離独立と、プーチンが行った実質的な軍事侵攻を介してのクリミアおよびドネック・ルガンスクの独立承認こそが相似形**なのである。プーチンはウクライナ東部の併合に対する諸国からの非難に対し、「コソヴォではどうだったのか」と反論しているが、それもまったく故なき反論とはいえないであろう。

二〇二〇年九月四日、トランプ・アメリカ大統領（当時）は、ホワイトハウスでブチッチ・セルビア大統領とホティ・コソヴォ首相との三者会談を開催し、経済関係の正常化に向けた文書の署名式を行った（同年九月五日「日経」）。その背景には、国家間関係正常化がEU加盟の条件になっていることがあげられている。

さまざまな利害対立を抱えながらも、常にEUは国境を開く実験の先頭を走ってきたといってよい。そして、国家間関係正常化と経済構造の安定は、当然にも国境を開くことの前提条件である。その意味では、ロシアが戦争を停止したとしても、ウクライナが民族主義の看板を下ろすとともに、次項でも述べる汚職問題を解決しない限り、ウクライナのEU加盟を、アメリカをはじめとする西欧諸国は認めないであろう。どれほど旧・東欧諸国が承認を働きかけたとしても、である。その程度には、アメリカや西欧諸国は、冷徹をとおりこして冷酷なのだと考えた方がいい。

#ウクライナ民衆との連帯へ向かう隘路

前項までに検討してきたとおり、国家間対立に限れば、ロシアだけでなくアメリカも、それほど美しい国際政治を展開しているわけではないことは明らかだ。また、両者に挟まれたウクライナも、政治国家のレベルでは、民族主義と経済問題を飛び越えてEU加盟を実現することは難しいであろう。（その難しさをわかっているからこそ、あえてプーチンは、「ウクライナのEU加盟に反対せず」と闡明しているのである。）

だが、ウクライナの民衆にとってEU加盟は、常に民族主義を超えた先に構想しておくべき基本方針であるはずだ。なぜなら、民族主義を超えたEU加盟は、愛国主義を止揚し国家を開くための、最初のステップだからである。そのためには、戦争前におけるゼレンスキーの支持率低迷の主因であった汚職問題（ハンター・バイデンの利権問題を含む）を解決しておくことが必須であろう。平時には困難でも、戦時下だからこそ可能な解決というものがあるはずだ。

同時に、**ウクライナ民衆の現下の戦闘にとっては、価値観外交と引き換えであろうがなかろうが、当面の兵器を入手することについて、どのような躊躇も不要だ。**いかなる紐付きでもないことを大前提として、無人機から迎撃システムまでのあらゆる武器と必要な軍事訓練の提供を、いくら要求しても非難される筋合いはない。

だが、もちろん日本は、防衛装備移転三原則（旧・武器輸出三原則）により、武器の提供要請に応じることはできないし、応じるべきでもない。にもかかわらず、安倍の衣鉢を継いだ日本の岸田政権（敵基地攻撃能力の保有について安倍周辺から保有表明を求められたことを岸田は暗に認めた――二〇二三年一月四日「毎日」）は、ウクライナ戦争に乗じて敵基地攻撃能力の保有とともに、防衛費のGNP比二％への増額方針を打ち出した。また、そのための財源として法人税・所得税・たばこ税の増税を示した。しかし、三原則を堅持し、ウクライナへの兵器供与を行わないことが国是である以上、上記方針は大きな矛盾を孕んでいる。なぜなら、論理的に整合性のある選択肢は、国是を捨てて兵器提供を行いつつ防衛費を増額するか、兵器提供を行わない国是を守ったまま防衛費を増強しないかの、いずれかしかありえないからだ。そして、前者は日本民衆が憲法九条を廃止する道を選ばない限り認められないことはいうまでもない。

ただし、武器の提供はできないが、**防衛費の増額に回す予算を停止し、増額予定分のすべてをウクライナの民生支援（エネルギー関連機器や医薬品等）へ回せと日本の民衆が主張することはできるし、それが両国民衆（両国国家ではない）の連帯に向けた最も有効な第三の選択肢たりうる**ことも確かだ。

二〇二二年一二月二四日のロイターの記事は、ウクライナが電力供給に必要な機器約一万品目のリストを欧州諸国に提示したと報じていた。ちなみに、同年冬の時点でリトアニアからウクライナへ提供する予定の旧式変圧器の価格は約二億八千万円だという。技術的には互換性の問題をクリアしなければならないだろうが、ＪＩＣＡ（国際協力機構）を通じた日本政府の二五台や超党派国会議員らによる四台といった、みみっちい数ではなく、ウクライナ民衆に必要な民生品の無償提供（贈与）のための予算として、防衛費の増額予定分の全てを充てるのである。そもそも日本のウクライナへの支援額は二〇二五億円で欧米と比べ少額（二〇二二年一二月一五日「読売」）なのだから、その二〇倍を供与するくらいで丁度いい。

いまのところウクライナ戦争にアメリカは派兵していないから、日本が派兵を求められる可能性は少なくとも当面はない。（日米共同軍事訓練の実施と引き換えにアメリカ製兵器の購入を求められてはいるが。）しかし、ゼレンスキーは岸田のウクライナ訪問を招請したと報道されているから、それに応じるなら何らかの「手土産」を求められるであろう。

顧みるなら、かつての湾岸戦争時には、多国籍軍に対する巨額の金銭提供を求められ、それに応じたにもかかわらず、さらに派兵を求められたことは、私たちの記憶に鮮明に残っている。

折りしも二〇二二年末に外務省が公開した文書には、湾岸戦争時、石油価格上昇に対応するアメリカの国家備蓄放出方針に同調するよう要求してきたブッシュ（父）に対し、当時の首相・海部俊樹が、きっぱりと断ったことが記録されているという。現在の岸田が、ガソリン価格引き下げをはかるバイデンの国家備蓄放出方針に同調したのとは対照的だ（二〇二三年一月一四日「朝日」）。

こういう抵抗を示しながらも、結局、日本は多国籍軍に一三〇億ドルを提供しただけでなく、ついには機雷除去のための掃海艇派遣までをも余儀なくされた。なお、掃海艇派遣は自衛隊の海外派兵に道を開いたと言われることが多いが、真相としては、クウェート政府が各国に対し感謝の意を表明した新聞広告に日本の名前がなかったことを奇貨として、当時の村田駐米大使がアメリカからの低評価を挽回するため「不退転の決意」で派兵するよう公電で求めていたことが、上記の外交文書に記録されているという（二〇二二年一二月二二日「毎日」）。

このことに関連して、私が思い出すのは、次のような吉本隆明の言葉だ。

《熊本日日新聞は、英国の保守系週刊誌『スペクテータ』の記事として、保守政府の責任者海部首相が「クウェートから撤退すれば五〇億ドル（約六千四百億円）を提供する」と昨年末イラクのフセインに提案して、拒否されたと報道している。もしこれが本当ならわたしが架空の国家責任者だったらというう真面目な悪ふざけのかんがえと一致する。拒否したイラクのフセインが、アラブの盟主気取りの愚かな社会主義者にすぎないのだ。わたしはもしほんとうなら海部を見直した。》《フセインはこれを拒否した。その結果、アメリカの要請に応じて九〇億ドルの戦費の提供を余儀なくされた。〔略〕これはいちばん無難な、見識相応の戦争処理だといっていい。なぜかといえば海部政府のもとにある日本国は、世界第一位の経済力をもつが、武力による国家「間」紛争の放棄をうたった憲法をもてあまして、なにも確かな国家理念も国家解体の理念も拵えることなく、戦後半世紀をすごしてきたからだ。》（「大状況論」）

いまウクライナの民衆に民生支援としてGNPの一％を提供するならば、それは多国籍軍への軍事費提供とは異なるから、湾岸戦争当時よりも半歩前進した方針だとは言いうる。そして、それは兵器の贈与も派兵も行わないこととセットにしてしか論理的整合性はないのだから、この点に鑑みても掃海艇派遣よりも前の、非戦の水準へ半歩戻すことになる。

目下のところ、このあたりの提案が日本の民衆としては精一杯かもしれない。だが、ウクライナ民衆からは、この程度であっても、辛うじて連帯の意思表示として受けとめられるのではないか。

第3章『教育と愛国』——戦争とメンタルヘルス

#戦争と女性

斉加尚代著『教育と愛国』は、いわゆる歴史教科書問題や道徳教育問題に焦点をあてた、テレビ・ジャーナリストによる、しごく真面目な著書だ。だから、揚げ足をとるようなつもりはさらさらない。それでも、不真面目な生徒だった私などからみると、「**だいたい教科書ってのは、中学・高校生に影響を及ぼしうるほどの、浸透力を持っているのかね**」という半畳を挟みたくなる。だが、その前に、この本の内容をたどっておくことにしよう。

『教育と愛国』（そして同じ斉加尚代監督による映画「教育と愛国」）には、大阪の公立中学で社会科を教える平井美津子教諭が登場する。慰安婦問題も取り上げる平井教諭の授業は実践的と注目され、地方紙に記事が載った。その記事には、授業後の生徒による「兵士になったら、女性を女性と思わない人になるのか」との感想も、紹介されているという。

その記事に、維新の吉村洋文大阪市長（当時）らが噛みついた。尻馬に乗るように、維新の西田薫大阪府議は「まさしく洗脳教育・思想教育」「八〇〇〇人の純真無垢な子どもたちにこうした教育を今までされていたと思うと大問題だ」と府議会で質問した。要するに、維新のメンバーは、最終学歴はさまざまだが、中学時代は皆が「純真無垢」で、一様に教科書を真面目に読む生徒だったのだろう。

そればかりではない。府議会で追及を受けた大阪府教委は、記事の配信元である共同通信社に「非常に遺憾」との文書を突きつけ、吹田市教委に至っては、記事の取り下げの諾否までをも問う文書を送付したという。

開いた口が塞がらないとはこのことだ。彼らが中学生だった頃は「育鵬社」の教科書は未だ出版されていなかったはずだが、きっと当時からそれに匹敵する正しい教科書が出版されていて、彼らはそれを熱心に読んだのだろう。もちろん、その正しい教科書には、マスメディアの記事が間違っていると立法機関ないし行政機関が判断したなら、記事を取り消させることができると書いてあったに違いない。

さて、共同通信社の上記記事は、「憲法マイストーリー」というタイトルで、二〇一八年一〇月八日「愛媛新聞」ほかに掲載されたものだという。愛媛新聞の記事を、私はみつけることができなかったので、代わりに同じ共同通信の配信記事と思われる、同年一〇月三日「東奥日報」の記事を、読んでみることにした。

平井教諭は、生徒に「もし自分が慰安婦にされた女性や、慰安所を利用した旧日本軍の兵士だったら、どう考えるか」と問うたという。生徒の答えは次のようなものだった。「私が慰安婦にされたら、たぶんどうにかして死のうと思います」、「自分が兵士になったら、女性を女性とも思わない人になってしまうのかと思って怖くなった」、「日本人としてここまでひどいことをやっていたなんて認めたくない」、「このままだと同じことが起こるような気がする」――。

皮肉ではなく、きっと真面目な生徒たちによる感想なのだろうと思う。だが、上記のうち、斉加も著書で言及している二番目の答えについて言うなら、銃後を女性が守り、前線に男性が出撃するというステレオタイプは、すでに現在の戦争では成立しなくなっている。

一例をあげるなら、アメリカによるアフガンおよびイラク戦争には、少なくない数の女性兵士が従軍していたし、また、現在のロシア―ウクライナ戦争を横目に、日本を守るためには「申し訳ないですが最後まで」戦えと言ったのは、自民党の女性政治家だった。つまり、被害者としての女性／加害者としての男性という構造は、もはや崩壊しているということだ（ただし、アフガンおよびイラク戦争に加わったアメリカ軍女性兵士には、ミリタリー・セクシャル・トラウマ＝MST[*1]と言われる、軍組織内のセクシャル・ハラスメントによる新たな問題が生じている）。

さらに、現在、職業軍人と民間防衛隊をあわせて三万人以上の女性兵士が、ウクライナ軍に所属しているといわれるが、このような動向は、二〇一四年のマイダン革命（コラム1参照）の頃にまで遡ることができる。そして、さらに遡るなら、ウクライナが旧ソ連の一部を構成していた時代の対独戦争（大祖国戦争）においては、多くの女性が志願して赤軍やパルチザンに加わった。彼女たちの年齢は、たとえば一六歳であり一八歳だった（スヴェトラーナ・アレクシエーヴィチ『戦争は女の顔をしていない』）。現在の日本でいえば、高校生に相当する年齢の女性たちだ。この事実を、日本の高校で、どのように教育することが可能なのか。

ここで急いで付け加えておくが、上記生徒による「私が慰安婦にされたら、たぶんどうにかして死のうと思います」、「自分が兵士になったら、女性を女性とも思わない人になってしまうのかと思って怖くなった」、「日本人としてここまでひどいことをやっていたなんて認めたくない」などの言葉が、もはや無効になっていると言いたいわけではもちろんない。そうではなく、犠牲になったのは慰安婦ばかりではなかったし、戦地で女性を弄んだのは日本人兵士だけではなかった。そもそも、兵士ではない民間人も少なからず女性を弄んでいたという、残酷な事実を指摘したいのだ。

たとえば、『ソ連兵へ差し出された娘たち』（平井美帆）という優れたノンフィクションを読むと、ソ連兵へ「接待」に出された満州開拓団の未婚女性たちは、日本への引揚げ前には「満人」に金

＊1 https://www.va.gov/health-care/health-needs-conditions/military-sexual-trauma/

で売られ、また国民政府軍や八路軍（女性兵士もいた）ないし「偽八路」から何度も性被害に遭っていた。そして、日本人収容所でも同じ日本人から性被害に遭い、引揚げの過程では日本人男性へ性を提供せざるをえなかった。

テレビ局がつくったドキュメンタリー番組では被害女性やその家族の口からは語られなかった上記事実を、ノンフィクションライターが初めて詳しく聴き取ったのだ。このような歴史的現実と相似形の行為が、その後の戦争の中では消えてなくなると想像することは、まず不可能だろう。

ところで、私は、遅くとも一〇歳代後半からは教科書など手に取った記憶がない。ついでにいえば、戦後民主主義などという恥ずかしい言葉を端から軽蔑してきた。一方で、有名な哲学者による次のような言葉を高校生の頃に読んで、その断片が今も頭の片隅に残っている。**哲学者は、風が吹くことによって海が腐敗を免れるように、戦争は国民の倫理的健全性を維持すると述べたのだった。**[*2]

ただし、私はこの考えに反対だ。民衆にとって必要なのは、国家が開かれて国境も戦争もなくなることだけだからだ。

その上で言うのだが、たしかに戦争は国家の抱える矛盾や危機を隠蔽し、民族国家の国民に一瞬の統合をもたらすであろうことも事実だ。だから、平和教育は（そういうものがあるとして）、決して一筋縄ではいかない。

歴史教育問題

教科書の話に戻ろう。斉加尚代は、「毎日新聞」（二〇二二年五月二一日）の取材に際し、次のように述べている（以下の引用中の伊藤隆名誉教授とは、「育鵬社」の右派歴史教科書の代表執筆者である）。

《「発言はまったく容認できなくとも、人間としての魅力はある」と感じたのは、保守論客の伊藤隆・東京大名誉教授だ。テレビ版の「教育と愛国」で否定的に描いたが、映画版用の再取材にも応じてくれた。恐る恐る本書を贈ると、「チャーミングだ」とさえ思える文面の礼状をもらった。》

私のような粗野な人間に実行可能かどうかは心もとない限りだが、こういう礼儀正しさは必要

＊2　戦争によって「諸国民の倫理的健全性は、もろもろの有限な規定されたものが不動のものになる〔個々の市民的利害が、国家全体の利害に統一される・引用者註〕ことに対して彼らが執着をもたなくなるために、維持されるのである。これは風の運動が海を腐敗から防ぐのと同様である。持続的な凪は海を腐敗させるであろうが、永久平和は言うまでもなく、持続的な平和でさえも、諸国民を腐敗させるであろう。」（ヘーゲル『法の哲学』）

だと思う。しかし、高校時代に教科書など手に取ったこともない私などからすると、伊藤も斉加も、同じ穴の狢ではないかという気持ちになる。そのことを少し説明してみる。

斉加の著書の中で伊藤は、東大受験生の答案を見ていると、受験生の大半が過激な左翼としか思えないと述べている。そして、「高校の先生たちは、日本の戦前は法治国家ではなかったと教えているに違いない」と嘆く政治学の先生の声を紹介し、教わった通りの内容を忠実に答案に反映させていることが厄介だと問題視する。（だったら、高校の先生と大学の先生を交代させればいいだろう。）

本当に「厄介」なのか。同じく斉加の著書によると、「学び舎」のリベラル派教科書を採用した灘中学・高校の和田孫博校長は、次のように語っている。

《ある会合で、自民党の一県会議員から「なぜあの教科書を採用したのか」と詰問された。〔略〕年が明けて、本校出身の自民党衆議院議員から電話がかかり、「政府筋からの問い合わせなのだが」と断った上で同様の質問を投げかけてきた。》

この自民党衆議院議員が灘高校に在学中、同校は右派の教科書を採用していたのだろうか。そうでもない限り、上記エピソードは、社会科教育の結果からは説明がつかない。もし、この衆議院議員が灘高校時代にリベラル派の教科書で教育されたのに、後に変質してしまったというなら、教科書など何の歯止めにもならないことを証明していることになる。

要するに、教科書ごときで生徒が良くなったり悪くなったりすると信じ込んでいる点において、斉加も伊藤も、中学生や高校生を馬鹿にしているのである。同じ穴の狢とはそういうことだ。

#高橋源一郎の教科書論

もちろん、灘高校出身者にも優れた人はいる。というよりも、おそらく優れた人の方が多いのだろう。たとえば、同校出身の高橋源一郎は、きわめて興味深い著書（『ぼくらの戦争なんだぜ』）の最初の章を、まるまる「戦争の教科書」問題にあてている。

高橋の記述は、被引用者の考え（この場合は鶴見俊輔）と自分の考えとの境界を、グラデーションをかけるようにして表面上は混淆させるような、独特のスタイルをあえて採用している。だから、そういうグラデーションの地からくっきりと浮き上がった図の部分は、彼が最も指摘し強調したかった内容ということになる。たとえば、次のような部分だ。（…は中略であることを示す）

《ルソーの『エミール』…では、ひとりの優れた知識人であり芸術家でもある家庭教師が、その生涯で一人の人間を教えていく…実際に、ほとんどルソーの理想に近い教育が実現した例もある。それは、後の昭和天皇（当時の皇太子）のためにつくられた、御学問所だ。》
《『エミール』は、教えるべきひとりの生徒、エミールの妻となるソフィーを教育することで完結している。ちょうど、良子《ながこ》女王（後の香淳皇后）だけのために「お花御殿」と呼ばれる学問所が建てられたように、である。》

高橋が指摘したかったのは、どちらの学問所にも教科書はなかったという事実だ。ふつうの本からは個人の声が聞こえるのに対し、教科書からは共同的な国家の声が聞こえると、高橋は言う。だから、共同性の象徴であり国家そのものであった天皇夫妻には、教科書は必要なかった。

学校とは、国家が人間を「国民」という形に鋳造していく場所であり、そのための最も大切な手段が教科書なのだと、高橋は述べている（ここまでは、とりたててオリジナルな考えではなかろう）。次いで、彼は、ドイツとフランスの歴史教科書を読みながら、教科書が公的な声であることを知りつつも、その声は共同体の中で生きていくことの意味と責任を考えるように告げるのだと記す（ここまで読んでも、まだ高級な啓蒙思想の域を出ていないように感じる）。その上で、彼は、中国の教科書を読み、もしかしたら中国の民衆は、そこに書かれている国家の声や中国共産党の声を聞き流す能力にたけているのかもしれないとも記している（この箇所まで読めば、なるほどと首肯したい気持ちになる)。

誰が、あるいはどのような集団が執筆したとしても、それが教科書である限りは、共同的な国家の声を生徒に刷り込む役割から逃れることはできない。それが、教科書というものの本質だからだ。そして、ここから先は、おそらく高橋の書いた内容を私がいくぶん誤読していることになるのだろうが、**もっとも正しい教科書の読み方は、教科書に込められた共同的で国家的な声を聞き流すことである。声が右派民族派からのものであろうと、左派リベラル派からのものであろうと、いずれであっても違いはない。聞き流す能力こそが、教科書リテラシーとでも呼ぶべき、民衆の能力にほかならない。**

#社会的構築物としての複雑性PTSD

ところで、先に触れた『戦争は女の顔をしていない』には、戦争で両足を失い、復員した後に、かつて大隊長だった男性と結婚した、ワレンチーナという女性の話が載っている。工科大学の実験助手として年金がもらえるまで働いた彼女は、次のように語る(コラム3も参照されたい)。

《最近、頼まれて、若いイタリア人の見学者たちに博物館で話をした。長々とあれこれ質問をされた。〔略〕なぜか、精神科にかかったことはないか確認しようとするの。どんな夢を見るかとか。あの人たちにとって武器を手にして戦ったロシアの女性は理解しがたいんだね。》

きっと、若い見学者たちは、女性が複雑性PTSD*3を有していると信じ込んでいて、その話を聞きたかったに違いない。だが、こういうステレオタイプが、戦争に関する思考を貧しくさせる場合があるのだ（この点に関してもコラム3を参照）。

ロイ・グリンカー（「境界症候群*4」の研究で日本の精神科医にも馴染みのある同名の祖父と、同じく精神科医の父を家系に持つ文化人類学者）は、著書『誰も正常ではない』の中で、第一次世界大戦中のシェルショック（砲弾ショック）が忘れさられたこと、また、ベトナム戦争では戦闘中のストレス反応はむしろ稀だったことを指摘している。つまり、ベトナムから撤退した後で、ようやくPTSDという的確な用語が流布するようになったというのである。

他方、かつてのユーゴスラビアに属し戦争によって荒廃した地域には、PTSDを受動性の疾患としてネガティブに解釈する社会があったこと、そして、コソヴォでは、国際的な援助団体が、患者に自分が犠牲者であることを納得させ、怒りや恨みの感情を加害者に向けさせるための手段としてPTSDを用いたこと、さらに、それは意図せずして民族間の憎しみや復讐心を焚きつける結果になったことを指摘している。つまり、PTSDというメンタルヘルス概念でさえ、社会的構築物としての側面を免れないのである。

もう少し、グリンカーの言うところを聞いてみよう。いかなる場所でもPTSDという診断が有意義であるとは限らない。PTSDは、文化的に受け入れられ、犠牲者に責任を負わせないようなあり方で特定の種類の苦痛を理解する手段として、作り出されたのだ。PTSDという診断は体面を保ってくれるため、精神的な問題を抱える人々が実際に診断されることを望む、数少ない診断の一つである――。

いうまでもなく、グリンカーは、PTSD概念が一定数の人たちを救済したことを認めている。また、私も含めて現在の精神科医たちは、PTSD概念が拡張されることによって、たとえば被虐待児のサポートに役立つことを十分に認識しているつもりだ。

それでも、人間の心の領域は広く、PTSD概念でカバーできない部分は多い。だから、この概念を戦争の残虐さ**のみに**結びつけて、戦争はメンタルヘルスを破壊すると**だけ**教えるならば、

＊3　単発性の心的外傷体験によって引き起こされるPTSD（心的外傷後ストレス障害）は、侵入症状（辛い体験が思い出される等）、覚醒亢進症状（わずかな物音におびえる等）、回避・麻痺症状（心的外傷と関連する場所を避ける等）を呈する。反復性の心的外傷によって引き起こされる複雑性PTSDは、PTSD症状に加え、自己組織化の混乱すなわち感情制御困難、否定的自己概念、対人関係困難を伴う。

＊4　神経症と精神病の境界という意味から出発した概念で、怒りや抑うつなどの感情障害、情緒的対人関係の欠如、自己同一性の障害を呈する。後の境界性パーソナリティ障害の概念へつながる源流の一つ。

それは常にコソヴォのような民族主義へ誘導されてしまう危険性と、背中合わせなのである。

私見では、複雑性ＰＴＳＤの発症を決定づけ、重症化をもたらし、そして回復を妨げるものは、**誇りの喪失**である。換言するなら、複雑性ＰＴＳＤの症状としての自己組織化の混乱すなわち「感情調節障害」「否定的自己概念」「対人関係障害」のうち、中心を占めるものは否定的自己概念（自分を無価値で劣った存在としてとらえること）にほかならない。

ベトナム戦争はアメリカが敗北した初の戦争だったから、帰還兵は英雄ではなかった（たとえば、映画の中で複雑性ＰＴＳＤに罹患していた人物として描かれているランボーは、英雄ではなかったため故郷に迎えいれられていない）。

一方、旧ソ連の対独戦争（大祖国戦争）では、兵士たちはともかくも英雄として帰還することが可能だった。だから、女性兵士だったワレンチーナに複雑性ＰＴＳＤについて尋ねても、おあつらえむきの答えは返ってこないのである。

附記するなら、ベトナム戦争の「勝者」であったベトナムのゲリラ兵と、独ソ戦の「敗者」であったドイツ軍兵士のそれぞれに関する、複雑性ＰＴＳＤについての比較研究がどうなっているのか、私は寡聞にして知らない。そもそも、そのような視点からの研究は行われていないのではないか。このあたりにも、ＰＴＳＤが社会的構築物であるゆえんが見え隠れしている。

#戦争と障害者

戦争に関し、もう一つ、述べておくべきことがらがある。学校や一般病院と同様に、ロシア―ウクライナ戦争では、精神病院が爆撃された。ちょうど新型コロナウイルスの蔓延下で精神病院へ収容されていた患者が数多く犠牲になったように、戦争でも逃げる術のない精神病院への被収容者が、死亡を余儀なくされたのだ。

他方で、私たちは、第二次世界大戦中の日本で、施設に収容されていた知的障害者が、いわゆる赤紙で召集されて戦地へ赴く時にだけ、皇国の民として扱われたことを知っている。あたかも、イスラム国家で自爆テロに志願した（ことになっている）知的障害者や子どもと同様にだ。

先にも引用したグリンカーの著書によると、イスラエル国防軍は、知的障害を持つ子どもを支援する団体や、知的障害ないし自閉症の人たちを監視する部門の協力を得て、イコール・イン・ユニフォームというプログラムを立ち上げたという。このプログラムは、軽度から中度の知的障害を持つ若い男女を訓練し、様々な役割に割り当てることを目的としているという。さまざまな役割とは、クリーニングや荷物運びから、自閉スペクトラム症の能力を活かした衛星写真の分析や視覚的知能部隊など、文字通りさまざまだ。

また、スペシャル・イン・ユニフォームというプログラムもあって、ダウン症候群を含む知的障害者や身体障害者をセラピストやソーシャルワーカーや教師が訓練し、やがては有給の兵士として戦わせるための支援が行われているという。

いわば、障害者の社会参加プログラムの戦争版だ。知的障害者や子どもに爆薬を抱かせ、目標物に近づくと爆発させる攻撃と、本質的にかわるところはない。違いがあるとすれば、自らはどちらかというと安全な場所にいるか、ほぼ確実に命を落とす場所にいるかという点だけだ。つまり、イスラエル（およびイスラエルと同調する諸国）は、弱者を殺人機械に作り上げるという点ではイスラム諸組織と同根であり、前者に後者を非難する資格はない。

もちろん、障害者が施設に隔離収容されないのは良いことだ。少なくとも、収容施設ごと爆撃され殺されることはなくなる。しかし、他方では、社会参加訓練ならぬ軍事参加訓練を受け（させられ）ることにより、戦争犯罪者への道を歩む（歩まされる）ことにもなる。どちらがいいのか。どちらもいいわけがない。

ジェンダー平等社会の理念と障害者の社会参加理念は、戦争に関する限り、ともに戦争化社会への道と相即不離だ。この道が民族主義的愛国精神で舗装されるとき、戦争で破壊される民衆の心は、複雑性ＰＴＳＤ概念だけでは糊塗しえないほど、残虐さを帯びた状態へと陥ることになるだろう。

コラム3　戦闘なき戦争トラウマ映画：「戦争と女の顔」

▼正直に言って、秀作だが造りすぎの感が否めない。私がひねくれているせいだろうか。「戦争と女の顔」（カンテミール・バラーゴフ監督）のことだ。このロシア映画が、公開からやや遅れて日本で上映され注目を浴びたのも、二〇一九年の公開当時における世界各地の映画祭での受賞ゆえにではなく、ひとえにロシア－ウクライナ戦争のためであろう。

▼独ソ戦後のレニングラードの軍病院で、イーヤという女性が看護師として働いていた。彼女は、戦友の女性高射砲兵の子どもを預かって育てていたが、育児中に「発作」が生じ、子どもを下敷きにして死なせてしまう。ちなみに、「発作」とは、カタレプシー（平たく言えば身体がフリーズし動かせない状態）と思われるが、これはさまざまな精神疾患や身体疾患で起こりうる。イーヤの場合は、戦争によるトラウマ（複雑性ＰＴＳＤ）により生じたというように描かれている。

▼複雑性ＰＴＳＤばかりではない。この映画には、（ナチス型ではない現在のヨーロッパ型に近い）安楽死の場面や、代理母の問題と関連する場面、そして同性愛を示唆する場面などが詰め込まれている。それらが重厚に描かれているわけではないぶんだけ、造りすぎなのだ。言い換えるなら、この作品では、トラウマをもたらす要因は戦争である必要はない。だから、映画には戦闘シーンはまっ

たく登場しない。何であれ、複雑性ＰＴＳＤと子どもの死亡と安楽死とその他もろもろさえ描くことができれば、ロシアは後進性を脱しヨーロッパになりうる――意地悪く言えば、そういうモチーフに貫かれているのではないか。

▼イーヤに子どもを預けた高射砲兵の女性マーシャも複雑性ＰＴＳＤに罹患していることが、映画では示唆されている、一方、この映画の原案である『戦争は女の顔をしていない』（スヴェトラーナ・アレクシエーヴィチ）には、マーシャを思わせる元軍曹の高射砲指揮官ワレンチーナによる、長い証言が収載されている。ワレンチーナの母は早逝し、シベリアで農業ソビエトの議長だった祖父は毒殺され、党機関の全権だった父は国内戦の英雄で赤旗勲章をもらった（つまり、彼女の家系の範囲だけでも党・軍とソビエトとの間の対立構造が見て取れるということだ）。中学を卒業したばかりのワレンチーナは、高射砲兵を志願し、短期講習で前線の指揮官になった。

▼ワレンチーナは、『戦争は女の顔をしていない』の著者によるインタビューに対し、次のように語っている。第3章と重複することをいとわず、引用してみよう。《最近、頼まれて、若いイタリア人の見学者たちに博物館で話をした。長々とあれこれ質問された。〔略〕なぜか、精神科にかかったことはないか確認しようとするの。〔略〕戦争の夢を見るかとか。》

▼複雑性ＰＴＳＤは限りなく重要な概念だが、他方でそれは一面でリベラル派の定番になってしまった。だが、ワレンチーナは《同情する必要はないさ。私たちにはプライドがあるんだから。》

と述べている。だとすると、映画の中のイーヤとマーシャには、《プライド》がなかったということなのだろうか。

第Ⅱ部　優生思想論

第4章　相模原殺傷事件がもたらした問い

#抹殺の〈思想〉

二〇一六年七月二六日、相模原市の知的障害者施設である津久井やまゆり園で、一九人が刺殺され、二六人が重軽傷を負う事件が起こった。これが相模原殺傷事件（以下「事件」という）だ。加害者の植松聖（以下「U氏」と記す）は、事件の直前まで同園に勤務していた。

私は、この事件について、前著『いかにして抹殺の〈思想〉は引き寄せられたか』[1]において、**U氏の主張を、時代や社会の結節点上に浮上した〈思想〉としてとらえない限り、誰もが思考停止に陥ってしまう**と指摘した。なぜなら、U氏の主張は、大麻解禁―平和主義―障害者の抹殺というトライアングルから構成されているが、これは現在のエコロジー―美しい国土―生命の選別という、右派と〈リベラル〉派が相互浸透しやすい通底するイデオロギーと相似形だからだ。

二〇二〇年一月に開始された公判において、検察側冒頭陳述（冒陳）は、U氏にはパーソナリティ障害とともに大麻使用障害があることを認めつつも、（1）大麻の影響は犯行の決意や時期に影響を与えただけであり、(2) 犯行は施設での勤務経験や、(3) 見聞した社会情勢を踏まえて行われたとした。対する弁護側冒陳は、元来のU氏は素直で同じクラスの知的障害の子に優しく、大学では教師を志していたが、大麻精神病に罹患した結果、事件当時は善悪を弁識し行動を制御する能力がなかったと主張した。

私は、冒陳の直後に横浜市で開催された「津久井やまゆり園事件を考え続ける会」主催のシンポジウムにおいて、「検察のほうが結構いいのではないか」と発言した。[2] すなわち、(1) 大麻によって精神障害を来すことはあるし少なくとも行動制御能力（善悪の理解に従って行動する能力）に影響を与えうる、(2) 津久井やまゆり園の拘禁的な実態を解明する情状鑑定が必要である、(3) U氏が主張する「クリーンな環境」や「世界平和」に関する思想的解明が必要だと述べたのである。

U氏に対して下された判決は、検察側冒陳の内容をなぞるものだった。具体的には、U氏は大麻使用障害・大麻中毒に罹患していたが完全責任能力であり、事件は施設での勤務経験を基礎とし、関心を持った世界情勢に関する話題を踏まえて生じたものであるとした。

すでに私は上記『いかにして抹殺の〈思想〉は引き寄せられたか』において事件の思想的側面を詳論したが、その後も事件をめぐる巷間の言説には、U氏の主張が未熟であることを嘲笑しつつ説諭するかのような論調があふれていた。しかし、いわゆる上から目線による断罪は、私たち自身が組み込まれている現下の状況についての解明を放棄するに等しいと言わざるをえない。

そこで、本稿では、私たちを取り巻く普遍的課題へ架橋するという視点を堅持しながら、上記（2）→（1）→（3）の順に再論してみよう。

#施設内虐待と〈個人意志〉

U氏は、「新日本秩序」と題するノート[3]の中で、津久井やまゆり園入所者の一人について「車椅子にしばり固定されており〔略〕指を動かさないようにミトンでしばります」と記している。また、「女性職員は、真夜中にも拘らず、利用者様〔施設入所者のこと・引用者註〕に布団を運ばせる仕事を手伝わせていました」とも述べている。これらの記述からだけでも、同園の入所者に対する処遇が虐待・使役に相当するものであったことは、公判前から容易に推測できた。

事件後、津久井やまゆり園で車椅子に拘束されていた女性が別の施設に移ったところ、拘束されることなく生き生きと通所しているという事実がNHKによって報道された。また、同園と同じく、かながわ共同会が管理委託を受けている愛名やまゆり園でも居室が中から開けられない状態が続いているとの通報があり、県が立ち入り調査をした[4]。

このような中で神奈川県は、公判開始の時期と前後して、「津久井やまゆり園利用者支援検証委員会」（検証委）を設置した。検証委による中間報告書（令和二年五月）は、身体拘束を行う場合は切迫性・非代替性・一時性の三要件の全てを満たす必要があるが同園では三要件のうちの一つでも該当すればよいと認識していたこと、二四時間の居室施錠を長期間にわたり行っていた事例が確認されたこと等を指摘したほか、法人のガバナンス体制や県の関与についての問題点についても言及している。

ところが、神奈川県議会は検証委を「結論ありきの人選」「公平性や公正さに欠ける」と批判し、県は「迷走」の結果、委員を増やしたうえで対象を県立障害者施設全体に広げた検討部会を発足させることにした（二〇二〇年六月二六日「毎日」）。

新たな部会は、「障害者支援施設における利用者目線の支援推進検討部会」と名づけられた。同部会の野澤(5)によると、部会による調査を通じて、津久井やまゆり園では精神科医や家族の言うまま長期間にわたって身体拘束が行われていたこと、「意思決定支援チーム」が入るなど外部との交流があるとほとんどの身体拘束が改善されたこと、二四時間三六五日に近い居室施錠が複数の利用者に対し行われていたこと等が明らかになったという。

以上のとおり、津久井やまゆり園では身体的虐待が日常的に行われていたことは間違いない。

このことに関連して、二〇二〇年三月五日「毎日」夕刊のコラム「花谷寿人の体温計」は、公判で語られたU氏の職場での体験、すなわち「〔他の職員の・引用者註〕口調が命令口調とか、人に接する時のものではない」「〔暴力はよくないとU氏が他の職員に言った時に・引用者註〕二、三年やれば分かると言われた」等を紹介しつつ、知的障害者が被害者や加害者になった数々の事件を担当した故・副島洋明弁護士なら、事件をどう見るだろうかとの問いを投げかけている。「ひとつの暴力事件や人権侵害の背景には、しばしば施設全体の持つ構造的な原因がある」というのが、副島弁護士の持論だったからである。

私は、浅草レッサーパンダ事件や、自閉スペクトラム症を有する人の訴訟無能力が初めて認められた所沢事件の弁護側鑑定人として、副島弁護士とともに活動したことがある。また、内科病棟における身体拘束の違法性が争われた一宮事件においては、私は直接的に関わることはできなかったが、一審の弁護団から副島弁護士らによる二審の弁護団へ交代するときに、ささやかな協力をした経験がある（ちなみに、一宮事件は民事訴訟であり、高裁では拘束の違法性が認められたものの、最高裁で逆転敗訴した）。それゆえに、私は副島弁護士の考え方や活動方針について、それなりに知っている部分がある。

とはいえ、私の想像の範囲で述べることができるだけだが、副島弁護士であれば、おそらく津久井やまゆり園の被害者や家族ないし職員の中から少なくとも一人を探し出し、同園の人権侵害について法廷の内外で明らかにする方法を採用するのではないかと思う。そして、U氏の弁護については責任能力を争うのではなく、障害者を大規模コロニーで処遇してきた政策に規定された同園の在り方が、U氏の思想を形成し事件を惹起するに至ったという主張を展開するのではないだろうか。もちろん、弁護活動の外側では、いつもの手慣れた方法として、同園に限らず、さまざまな障害者施設で働く人や、彼らと連帯する活動家を交えた集会を開催するだろう。

それにしても、**なにゆえにU氏は、上司や同僚の考えに染まって虐待や使役に走ろうとしなかったのか**という疑問が、ここで浮上することになる。逆に虐待や使役を当然と考えないのであれば、**なぜ職場内で改革を目指さなかったのか**。あるいは、より消極的方法として、**職場を辞め別の仕事につこうとしなかったのか**（ちなみにU氏は津久井やまゆり園勤務後も教員を目指していたと言われているから、実際に教員になっていれば、かつての職場を反面教師として指弾できたかもしれない）。

にもかかわらず、U氏は右に記したいずれの行動もとらず、「私は障害者を抹殺することができます」という内容の手紙を衆議院議長公邸へ持参したことなどから、措置入院となった。そして、措置入院後に解雇されるまで辞職せず、解雇からほどなくして事件を惹起したのだった。つまり、いくつかの選択肢がありえたにもかかわらず、U氏はたった一つの道を選んで進んだのだから、その意味に限って言うなら、〈個人意志〉としてそうしたというほかないようにみえる。

だが、〈個人意志〉と事件とは、地続きだっとはいえない。事件へと至るには、次項以降に記すように、〈社会（共同体）意志〉と〈政治（国家）意志〉の双方を、引き寄せねばならなかったのである。

#大麻と〈社会(共同体)意志〉

二〇二〇年一二月二日、国連麻薬委員会は、大麻を麻薬単一条約の附表Ⅳ(依存性が強い薬物の中でも特に危険)から削除するWHO勧告を承認した。WHO勧告は、医療目的での大麻の使用が狙いだと言われている。日本は反対票を投じたが、医療用大麻に関する限り、その施策は少なくとも国連のレベルでは、大麻の合法化を訴えるU氏の主張へ近づいたことになる。

歴史的に大麻(マリファナ)の禁止は、一九世紀後半から二〇世紀初頭にかけて、アメリカで移民や外国人労働者が使用していたことから、政治的人種差別的に開始されたと言われる。[6] また、近年ではニクソン大統領が「薬物戦争」を提唱したが、この「戦争」は失敗し、二一世紀になるとアメリカのいくつかの州やカナダ、オランダ等で大麻が合法化された。合法化の背景には、一九六〇年代からのイッピー(Youth International Party)と呼ばれるベトナム反戦運動を目標としたグループの活動や、対抗文化の残り香(たとえばクリーン・エネルギーのビジネスから大麻ビジネスへの転換)等が存在すると指摘されている。このように、欧米では、大麻合法化運動は、反戦・環境左派から新自由主義ビジネスまでをも含むリベラリズムと、連動して進行したのである。

日本では、大麻取締法が「ポツダム省令」として輸入されたが、一九六〇年代の「新宿ビートニク」以降、「コミューン(部族)運動」やアナーキズムと結びつく形での大麻解禁運動がみられたという[7]。続く転換期は一九九〇年代後半以降で、「マリファナ・マーチ」を主催した「カンナビスト」は、左派系社会運動に連接しようとした。他方で、大麻合法化にナショナリズムやスピリチュアリズムを援用する運動も登場した。その他、オカルティズム、陰謀論（U氏が好んだといわれるイルミナティなどの秘密結社の仕業として全てを説明する考え・高岡註）、エコロジー、スローフードなどとの結合もみられるという。

ここで、大麻と精神病症状との関係について総覧しておく。大麻を合法化したカナダの状況に関し、レイトン[8]は、合法化が予想通り大麻使用者の逮捕数を減少させるとともに税収の増加につながっていること、にもかかわらず交通事故の増加をもたらしてはいないことを報告している。しかし、かかる合法化擁護の論文でさえ、青年層の大麻使用と精神病との関連性については認めているのである。ちなみに、ハミルトン[9]は、大麻と精神病症状・統合失調症との錯綜した関係を脆弱性モデルで説明している。さらに、一四例のマリファナの慢性使用者にみられた暴力に関する論文[10]は、マリファナ誘発性パラノイアとマリファナ誘発性精神病の事例を列挙しているが、それらのいずれにもサトシ・ウエマツ、すなわちU氏の事例が含まれている。

これら欧米の論文は、その常として丁寧な精神病理学的検討に乏しいが、日本では大麻と精神病症状との関連を事例に即して詳しく検討した研究が、筆者が知りえた限りで五論文一四例、公表されている。それらのうち被害関係妄想・幻視・幻聴を呈し宗教活動へ没入した一例は[11]、私（高岡）

も精神鑑定のため面接したことのある事例と思われるが、患者には「宇宙交信」などの症状のほか、著明ではないものの軽躁状態などの気分変動があって「指導者になる」と述べたり、大麻の合法化を訴えたりする言動が認められた。

以上のように、大麻使用と関連する精神病症状は稀ではない。もっとも両者の関係がどのようなものであるかについては一様ではなく、大麻使用が精神病症状を惹起する、あるいは逆に精神病症状を緩和するために大麻の吸引に走るといった古くからの考え方に加え、近年は両者の間に共通する遺伝子変異などの、生物学的脆弱性を想定する考え方が登場している。

ところで、U氏は、「UFO」「宇宙人」などの体験とともに、イルミナティカードというオカルティズムにも没頭していた(3・12)が、先に総覧した内容を勘案するなら、これらが大麻と無関係に生じたと言い切るには無理があろう。加えて、U氏は、「絶対に戦争をしてはいけない」という平和主義や、「人類は遺体を肥料にする知識が根づいていない為に森林破壊を止めることができません。人間を自然のサイクルに戻す必要がございます。(3)」といったエコロジーの主張も繰り返していた。大麻使用が平和主義やエコロジーをもたらすのか、それとも平和主義やエコロジーが大麻使用を呼びこむのか、あるいは両者に共通する何らかの基盤が存在するのか、断言することはできない。しかし、大麻の長期使用と平和主義・エコロジーは、すでに歴史的流れについてみてきたとおり、互いに不可分の関係にあるということだけは押さえておくべきであろう。

附記するなら、U氏の大麻使用は、彼のツイートにみられる「beautiful Japan!!!」といった民族主義的といえなくもない主張を、混淆させている。ちなみに、ナチスドイツの血と土の思想は民族主義と環境主義の結合であり、ナチスの環境活動家が緑の党へ流れていったことはよく知られている。[13] とはいえ、U氏の主張は、戦争に反対するだけでなくナチスによるユダヤ人虐殺に対しても反対しているように[3]、主に平和主義とエコロジーに代表されるリベラリズムを基調とするものである。したがって、その限りでは、トランプ前大統領のような右派ポピュリズム思想との関連性は比較的薄いと考えざるをえない。

以上のとおり、U氏の〈個人思想〉は、大麻と結びつくや否や、平和主義・エコロジーといった〈社会（共同体）思想〉を引き寄せていることがわかる。事実、U氏は神奈川新聞の取材に対し、「世界平和に近づくためにはマリファナ（大麻）が必要」と説明しているのである。[14]

繰り返して述べるなら、**U氏は、職場に同化する・職場を改革する・職場を辞めるのいずれをも選択しなかったかわりに、大麻を吸引することによって平和主義・エコロジーなどの〈社会（共同体）意志〉を引き寄せた**のだった。つまり、温和でクリーンな単一共同体である。

しかし、そうだとしても、引き寄せられた〈社会（共同体）意志〉がなぜ事件へと至ったかという点については、未だ解明されたとはいえない。左派系社会運動・ナショナリズム・スピリチュアリズム・エコロジー・スローフード・オカルティズム・陰謀論その他を掲げた言論や運動を展開するだけでもよかったのではないかという疑問が残るからだ。言論や運動にとどまらない、一種のテロリズムといいうる行動へ至るには、次項で検討する〈政治（国家）意志〉を、さらに引き寄せることが不可欠であった。

#世界情勢と〈政治（国家）意志〉

高校時代にU氏の交際相手だった女性は、U氏からLINEで「お金がなくて戦争するならもっと考えることがある」「重複障害者を安楽死させせられる世の中にしなければならない」とのメッセージを受け取ったと証言している[12]。同じ女性によると、U氏は、「俺が殺したことに世界が共鳴して、同じことが世界で起こる。そうすれば障害者に無駄な金が使われなくなって、他のことに金が使われることになるし、世界平和につながる。ドナルド・トランプは俺が障害者を殺したら大絶賛するよ。」と語ったともいう。

しかし、トランプが障害者抹殺を唱えたという事実はない。にもかかわらず、U氏がトランプの名を何度も持ち出すのは、「ニュースを見て真実を話していると強く思いました」「もう、真実を話していいんだ、と思いました[13]」という言葉に示されるように、トランプの政治思想そのものにではなく、これまで誰も言わなかったことをトランプが口にしたという政治決断スタイルにのい理由がある（もちろん、リベラルホーク＝民主党タカ派のバラク・オバマに較べれば、トランプの政治思想は平和主義だが、それでもパリ協定からの離脱などをみるならU氏の環境主義とは相容れないはずである。また、なによりも大麻解禁論者が支持したのはヒラリー・クリントンであって、トランプではなかった）[2]。

では、U氏にとっての「真実」とは何か。上記の高校時代の交際相手とは別の女性は、交際していた当時のU氏の様子について、「トランプ大統領とか過激な発言で称賛を浴びたりしていたし、自分もそこに入りたいと言っていました。」と述べるとともに、映画『テッド2』（セス・マクファーレン監督）をDVDで見た時に「俺が言いたかったのはこれだ！」と目を輝かせていたと証言している。[12] U氏は、映画の中の「自己認識できることが人間だ」とする言説に興奮していたというのである。

映画の終盤に登場する人権派弁護士は、喋り行動するぬいぐるみのテッドに関し、「自己認識（self-awareness）」「複合感情（ability to understand complex emotions）」「共感（capacity for empathy）」の三条件を満たすから、テッドは人間として定義されると述べる。U氏は、この命題の裏をとって、三条件を満たさないなら人間とは定義しえないと考え、「心失者」と呼んだのだった。U氏の思考過程は初等数学に悖《もと》るが、三条件を満たす動物や所有物（property）は存在するかと問い直してみるなら、それは事件を理解する上で重要な手がかりとなりうる。

この点については、次章で詳述するが、その要点を先取りして記しておくなら、およそ次のようになる。

第一に、共感を情緒面において捉えるだけであれば、それは動物にも認められるし、相手との関係性によっては復讐などの攻撃性や外集団に対する差別へも転化する。一方、共感を認知面においてとらえるなら、それは人間に固有である可能性があるが、血縁・互恵関係に基づかない利他行動や大規模な協力行動は集団や社会の思想水準に規定される。

第二に、複合感情は、映画では共感とセットで例示されているから、上記がそのままあてはまる。

第三に、自己認識に関し、吉本[15]による〈自体識知〉（たとえば胃を「胃が痛い」といった形で直接的に認知し像を形成する）と〈対象化識知〉（たとえば胃について流布されている知識や解剖像になぞらえ「自分の胃はかくあるものだ」と認識する）の二重性が人間の身体像の起源を形成するという考えを援用するなら、最重度の知的障害を有する者であっても、腹部のあたりに激痛が走ればその付近に手を当てるし（〈自体識知〉）、胃袋の形を知らなくとも、たとえば水面や木漏れ日に似た何らかの像を結んでいる（〈対象化識知〉）と想定することができるから、〈自体識知〉による身体反応と〈対象化識知〉による恒常状態からの偏移の二重性に基づいて発生する身体像は人間に固有である。かかる人間固有の身体像は、動物の貪欲からの自由、つまり欲求に従わない（たとえば空腹でも食べない）という多義性をもたらす。こうして生じる多義性こそが人間の価値なのである。[*1]

結局のところ、U氏の思想は上述した人間の価値をとらえることができず、意味によって人間

図　相模原殺傷事件へと至る理路

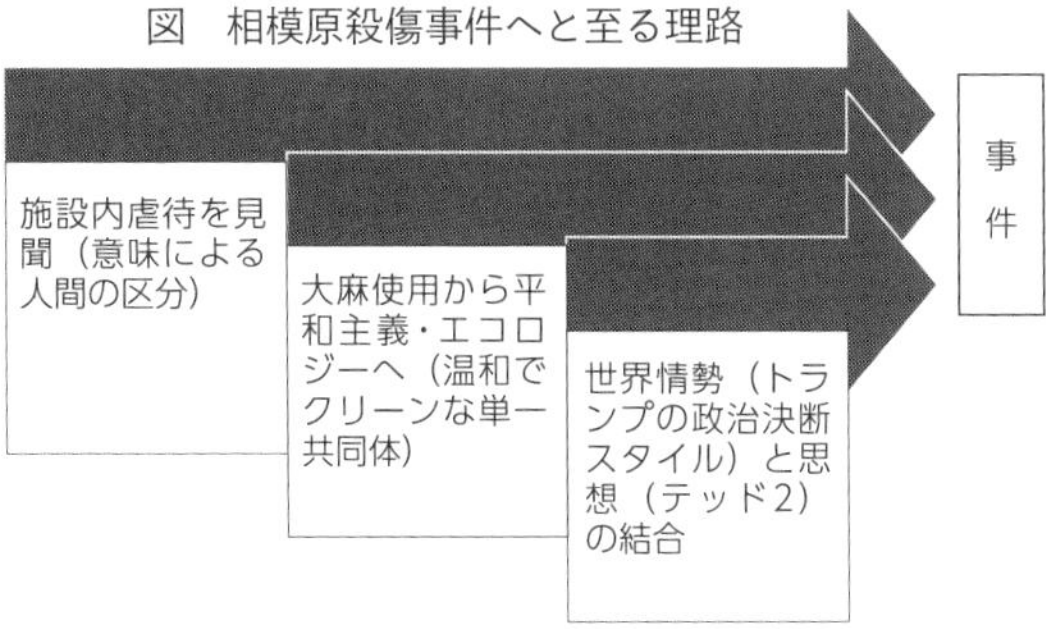

をとらえようとするものであった。こうして施設内で見聞した「心失者」の存在は意味による区分に基づいて「無意味」に分類され、その延長上に事件が惹起されたのである。

価値の思想は民衆ひとりひとりの思想であるが、意味の思想はつまるところ集団の思想である。そして、意味の思想を実行へ移すためには国家意志を必要とする。それゆえに、U氏は、先駆者として事件すなわちテロルを起こすに際し、国家意志を実行に移すフレームとして、トランプ（や安倍）の「大絶賛」を想定することが不可欠だったのである。以上をまとめるなら図のようになる。

右に記した流れを逆方向へ辿ることこそが、価値としての人間存在へ戻る過程にほかならない。政治（国家）よりも、また社会（共同体）よりも、常に個人を優位に置くまなざしと言い換えてもよい。このようなまなざしが加わることによってはじめて、一義的・意

＊1　欲求と行動との関係が、一対一に限られることが一義性であり、一対多に広がることが多義性である。前者は意味の形成にとどまるが、後者は価値を増殖させる。

味的ではない、多義的・価値的人間の姿が像を結ぶようになるのである。

#DVD『生きるのに理由はいるの?』

澤則雄はDVD『生きるのに理由はいるの?』を企画・制作し、一〇人から三〇人ほどの集会で上映する運動を継続している。このDVDには、U氏が弁護士に対し「〔心失者は・引用者註〕人間の定義、自己認識を満たしていない」と主張したとされるシーンや、被害者の姉が集会で「生きるだけで〔意味ではなく・引用者註〕価値がある」と語るシーンが描かれていて、前項で検討してきた内容と通底する部分がある。

それればかりではない。前項までに触れることのできなかった内容も含まれている。たとえば、U氏の家族史や生育史である。U氏の母方祖父は、モスクワ音楽院への留学歴のある、「手のひらの歌」で有名な寺原伸夫だという。祖父はU氏が八歳時に死亡したため、直接間接の影響や正負の影響が、どの程度あったかは即断できない。しかし、だからといって最初からこの点の解明をおろそかにしていいという理由はないであろう。

また、事件の前日に歌舞伎町のホテルでU氏を客として相手したデリヘルの女性の語りも収録されている。この女性は、「世界平和のために活動している」というU氏の言葉や、両腿にゲゲゲの鬼太郎の刺青が彫られていたこと、何かわからないが「葉っぱ」（おそらく大麻）が広げられていたことを記憶している。「世界平和」「葉っぱ」については、本稿ですでに検討を重ねてきた。一方、U氏が美としてとらえている刺青については、私は三島由紀夫を援用しつつ前著で考察したが、ゲゲゲの鬼太郎の刺青となると何に由来するものか今のところよくわからない。U氏の両親は日大芸術学部で知り合った図工教師とホラー漫画家だというし、U氏自身も『TRIAGE』(16)というクローン人間が登場する漫画作品を創作しているが、そのあたりと刺青との関連についても保留にせざるをえない。

ちなみに、TRIAGE（トリアージ）という言葉自体は、災害や新型コロナ・パンデミック状況下での医療の（つまり生命の）優先順位といった意味で、人口に膾炙《かいしゃ》するようになった。このようなU氏の発想の個人史的はじまりを、小学校の頃に書いたと言われる「戦争をするなら障害者の背中に爆弾を付けて敵陣に突っ込ませるのがいい」という作文(12)にまで遡ろうとする論調もある。このような発想は、イスラム系自爆テロのニュースによる影響を受けているのかもしれないが、同様の事態は、第3章で少し触れたように、第二次世界大戦中の日本にもみられた。たとえば、日本における知的障害児・者施設の草分けとされる滝乃川学園を舞台にした映画『筆子その愛』の中で、徴兵され皇軍兵士として送別される一人の知的障害者の姿が描かれているように、障害者は国家によって戦争へ動員される瞬間においてのみ、収容先から離れ国民として扱われたのである。こういう事実を不問に付したままの論難では、決して問題の本質へと至りえないであろう。

ようするに、細部にまでわたれば未解明の部分が多く残されているのである。その理由の少なくとも一端は、ことさらに家族背景や生育歴を排除した今回の裁判員裁判にある。検察や弁護人の法廷戦略によるものなのか、U氏が頑なまでに家族に触れられることを拒んだせいなのか。後者だとすれば、それはヤクザが老親に迷惑をかけたくないというのと同様のU氏なりの美学によるのか、知られたくない生育史があるのか、ほとんどが不明のままである。

このように、家族史・生育史を中心に未解明の部分は少なくないが、本稿で提示した**個人意志→社会（共同体）意志→政治（国家）意志という事件への往路と、それらを逆に辿ることによって獲得される価値としての人間への帰路**という道筋の提起は、正鵠を外していないはずである。

#補論――生命の選別としての死刑

二〇二〇年三月一六日、一審はU氏に死刑判決を下した。U氏は控訴せず、三一日に判決が確定した（その後、U氏は再審請求を行ったが、最高裁は棄却）。

死刑判決とは、とりもなおさず、国家が殺していい命を殺すべきではない命から峻別したことを意味する。このことに対しては、当然にも多くの批判がある（コラム4参照）。U氏が必要な命と不要な命を分けたのと同じことを、国家もまた行ったのだ。

かつて、千葉景子法相（当時・民主党）が、死刑執行命令を下すことと引き換えに設置したといわれる「死刑の在り方についての勉強会」の取りまとめ報告書には、一〇項目の論点が列挙されていた。

その中の一つに、「死刑に犯罪抑止力があるか否かという観点からの議論」があった。この議論について言えば、犯罪抑止力どころか、犯罪推進力とでも呼んだ方がいいような事件が、相次いでいる。荒川沖事件（土浦連続殺傷事件・二〇〇八年）をはじめ、報道されているとおりであれば、京王線死傷事件（二〇二一年）、渋谷母娘切りつけ事件（二〇二一年）などでは、加害者が「死刑になりたかった」と犯行理由を説明している。また、新幹線殺人事件（二〇一八年）の加害者は、希望通りの無期懲役判決を得て、万歳を三唱した（この事件については、写真家のインベ・カヲリ☆による、すぐれたルポ『家族不適応殺』が上梓されている）。死刑による抑止論や、死刑が反省をもたらすという言説は、もはや成り立たなくなっているといってよい。

ところで、生命の選別といえば、相模原殺傷事件から六年目の二〇二二年七月二六日に行われた追悼式には、入所者の家族会や知事、そして施設を運営する、かながわ共同会の関係者らが出席する一方で、敷地内の寮における新型コロナウイルスの集団感染を理由に、入所者の参加は見送られたという事実がある。かながわ共同会に、入所者をさしおいて、追悼をする資格があろうはずがない。にもかかわらず、失われた生命を悼む資格に関し、恣意的な線引きが行われたのである。

加えて、この件でもう一つ見逃せない点は、旧い精神病院であろうと障害者施設であろうと、収容施設内での感染は、当然であるかのように、常に被収容者の多大な不利益をもって終わるという事実だ。被収容者は、一般市民であればともかくもアクセスしうる医療資源から、ほとんど遮断されているといっても過言ではない。感染だけでなく、戦争に伴う餓死や空爆による被害を付け加えてもよい。ここでも命の選別が行われているのであり、障害者の長期収容とは、実質的には緩慢に進行する殺人ないし死刑にほかならないとさえいいうる。

文献

（1）高岡健：いかにして抹殺の〈思想〉は引き寄せられたか．ヘウレーカ、二〇一九
（2）堀利和：私たちは津久井やまゆり園事件の「何」を裁くべきか．社会評論社、二〇二〇
（3）月刊『創』編集部：開けられたパンドラの箱．創出版、二〇一八
（4）千葉紀和、上東麻子：ルポ「命の選別」．文藝春秋、二〇二〇
（5）野澤和弘：人間にとって自由とは～「やまゆり園」と身体拘束（下）．https://mainichi.jp/premier/health/articles/20210108/med/00m/100/001000c（accessed on 15/Jan./2021）

（6）佐藤哲彦：薬物政策をめぐる旅．こころ51：46–59、二〇一九
（7）山本奈生：紫煙と社会運動．年報カルチュラル・スタディーズ6：59–79、二〇一八
（8）Leyton M: Cannabis legalization: Did we make a mistake? Update 2019. J Psychiatry Neurosci. 44: 291-293, 2019
（9）Hamilton I: Cannabis, psychosis and schizophrenia: unravelling a complex interaction. Addiction 112: 1653-1657, 2017
（10）Miller NS, Ipeku R, Oberbarnscheidt T: A review of cases of marijuana and violence. Int. J. Environ. Res. Public Health 17: 1578, 2020
（11）加藤悦史、杉浦明夫、河田晃、兼本浩祐：大麻誘発性精神障害と考えられた1症例．精神医学54：49–51、二〇一二
（12）月刊『創』編集部：パンドラの箱は閉じられたのか．創出版、二〇二〇
（13）保坂稔：ナチス環境思想のインパクト．長崎大学総合環境研究10：15–23、二〇〇八
（14）神奈川新聞取材班：やまゆり園事件．幻冬舎、二〇二〇
（15）吉本隆明：心的現象論本論．文化科学高等研究院出版局、二〇〇八
（16）植松聖：ＴＲＩＡＧＥ（第1～7話）．ナックルズ the BEST Kindle版、二〇二〇

第5章 人間と非‐人間のあいだ

#スタートライン

二〇一六年に相模原市の障害者施設＝津久井やまゆり園で四五人が殺傷された事件は、好むと好まざるとにかかわらず、人間とは何かをめぐって、本質的な問いを投げかけることになった。そのスタートラインは、以下の四点に集約される。

第一に、加害者のU氏は、津久井やまゆり園の入所者を、喋る能力の有無によって、殺すべき「心失者」と殺すべきでない人間とに分けた。第二に、U氏は、事件後に警察と裁判所が被害者たちを匿名化したことに対し、これで被害者は人間ではなかったことが証明されたと嘯いた。第三に、裁判において弁護人は、U氏を責任無能力だとすることにより、理非善悪を弁識しそれに従って行動しうるという意味での人間ではないと、主張した。第四に、公判で被害者遺族のうちの少なくとも一人は、U氏を死刑に値する、すなわち殺してもよい人間だと主張し、これに沿うかのように裁判所は、U氏を人間ではあるが殺してよい存在だと結論づけて、死刑判決を下した。

右記の四点のいずれもが、人間と非人間とのあいだに、あるいは同じことだが奪ってはならない命と奪って当然の命とのあいだに、区分線を引いている。はたして、区分線を引くことは正しいのか。仮に正しいとするなら、何を根拠に、どこで区分線を引くのか。

もちろん、区分線を引くべきではないとする反対意見も、数多く表明されている。まず、自分自身が何らかの障害を有するか、あるいは血縁者や知人に何らかの障害を有する人々がいる立場からの、批判がある。また、仕事として障害を有する人々にかかわる立場からの批判もあるが、この立場には、批判者が収容施設に所属する場合と施設外にいる場合の、二つがある。さらに、それらのいずれでもない立場もあるだろう。（ちなみに、私は、区分線を引くべきでないと考える臨床精神科医だ。そして、仕事として障害を有する人々とささやかに関わってはいるが、本稿を記す立場は、そこから多少とも逸脱した「いずれでもない立場」に近い。そうでなければ、事件の本質に迫りえないと思うからだ。）

いずれの立場をとるにせよ、区分線を引くべきではないとする反対意見に与するならば、その根拠は、いったいどこにあるのか。そう改めて問われると、不意打ちにでもあったかのように驚いて口ごもったり、不躾な質問だと感じて苛立ったりするかもしれない。だが、これらについて眼を塞がず考えてみることなしに、相模原殺傷事件と向かい合うことは出来ない。事件がもたらした本質的な問いとは、そのことを指している。

以上を前提に、前章で略述した内容を、より詳細に展開してみたい。

『テッド2』――人間対所有物

事件の伏線の一つを形づくっているといわれる、『テッド2』(セス・マクファーレン監督)という映画がある。前章に記したとおり、この映画をDVDで観たU氏は、「俺が言いたかったのはこれだ」と、目を輝かせたという。

映画には、喋り行動するぬいぐるみのテッドに人権はあるか、というテーマが含まれている。ぬいぐるみのテッドは、人間の女性タミ＝リンと結婚した(はずだった)。しかし、テッドは人間ではなく所有物(property)であるとされ、結婚の無効が宣告された。では、人間とは何か。イヌ・ネコ・トースターは、人間とどこが違うのか。奴隷はどうか。「正義」の下では、奴隷は人間になったではないか。しかし、薬物パーティーと売春に明け暮れるような悪影響を他者に与え続けるなら、他者は人間だとはみてくれないのではないか。なぜなら、世間は理屈ではなく、感情で判断するからだ。

その後、映画の終盤近くになって登場した人権派弁護士は、「自己認識(self-awareness)」「複合感情(ability to understand complex emotions)」「共感(capacity for empathy)」の三つが人間の定義(the standards for personhood）だと述べる。この三つをテッドは満たすから、人間だというのだ——。

テッドは、ぬいぐるみとはいえ、自発的に考えて行動し、しかも喋ることが出来たうえで、タミ＝リンと恋愛をしている。だから、テッドは右の三つの指標を持っているがゆえに人間であるとの主張は、映画を観る者から受け入れられやすい。だが、Ｕ氏は、「三つの条件を満たすなら、彼は人間である」という命題の裏をとって、「三つの条件を満たさないなら、彼は人間ではない」という命題を導こうとした。もちろん、裏は必ずしも真ではないが、その前に、「三つの条件を満たすなら、彼は人間である」とは、はたして公理なのかという問いが立ちはだかっている。換言するなら、三つの条件を満たすような、人間以外の動物ないし所有物は、存在しないのかという疑問にほかならない。

たとえば、所有物でいうなら、TEZUKA2020というプロジェクトが、故・手塚治虫の二〇〇近い作品や三〇〇人にのぼる主人公の表情を、ＡＩに読み込ませ分析させたものをもとに、新作を発表したという。このことをめぐり、「毎日」（二〇二〇年五月一七日朝刊）は、現行法は著作権の対象を「（人間の）思想や感情を創作的に表現したもの」と定義しているが、ＡＩには「思想や感情がない」ために、ＡＩの著作権はいまのところ認められないと解説している。しかし、ＡＩが無限に作品を生み出す力を備えたならどうなるか。著作権の意味自体が、失われるおそれがあるのではないかとも指摘している。この疑問を敷衍していくなら、問題は、思想や感情とは何かというところへ戻る。思想や感情の定義次第で、ＡＩにも著作権を認めるような事態もありうるだろう。そうなれば、ＡＩは裁判所へ召喚されるかもしれない。

一方、人間以外の動物でいうなら、二〇〇八年に元厚生事務次官宅を襲撃し、計三人を刃物で殺傷した小泉毅死刑囚は、「子どもの頃、保健所で誤って殺処分にされた愛犬チロの仇討ち」のため元厚労官僚を襲撃したのであり、「私が殺したのは人間ではなく、マモノだ」と語っていた。すると、彼にとって、「愛犬チロ」は人間と交換可能なほどの存在であり、元厚労官僚は殺人罪が適用できないほどの非‐人間だということになる。いいかえれば、動物とヒトの位置づけが、ほとんど逆転しているということだ。

こうしてみると、人間と所有物との境界、あるいは人間と動物との境界は、それほど分明とはいえないことになる。そのため、私たちは、右の三条件が、ほんとうに人間と人間以外とを区分する指標なのかどうかを、めんどうでも検討せねばならないことになったのである。

#共感性研究

『テッド２』で語られた人間の定義のうちの三番目である「共感」は、Dawn Prince-Hughという人間学者／倫理学者による定義ということになっている。間違っていたら訂正するが、彼はおそらく架空の学者であろう。それでも、否、だからこそかえって、彼の定義ないし基準は、今日の先進資本主義諸国では、それほどの違和感を生じさせない程度の普遍性をもっているとみなしてよい（ちなみに、英語の共感 empathy は、ドイツ語の感情移入 Einfühlung の翻訳に由来し、このあたりは精神病理学の了解概念と関連するところだが、本稿の趣旨とは直接関係しないため割愛する）。

また、『テッド2』における定義の二番目である「複合感情」の理解とは、映画では精神分析概念としてではなく、「共感」とセットになって例示されているから、後に述べるロシアンドールモデル（入れ子構造）の情動伝染・慰め行動・手助けあたりを指していると考えられる。

ところで、「心理学評論」誌は、二〇一五年に「共感性の進化と発達」と題する特集を組んでいる。私は病的現象を臨床で扱う精神科医に過ぎず、正常現象を実験的に扱う心理学者ではないが、それでもこの特集中の各論文には、ある範囲で興味を惹かれた。試みに、右記特集の中から、それぞれの論文のオリジナリティとは別に、現在の実験心理学において、ほぼコンセンサスが得られているらしい内容を、以下に拾い出してみる。少し繁雑になるが、しばらくのあいだ、お付き合いいただきたい。

（1）共感関連現象には、（a）他者との同一化（同調・模倣・情動伝染＝たとえばあくびがうつること＝などで、いずれも動物でもみられる）、（b）他者理解（そのうち後述する視点取得はヒト特有と考えられてきたが、チンパンジーでもみられる）、（c）向社会性（食物分配は霊長類以外でもみられる）がある。

ドゥ・ヴァールのロシアンドールモデルは、情動伝染の外側の層に同情に基づく慰め行動があり、そのさらに外側の層に視点取得に基づく手助けが続く、線形発達モデルである。他方、ヤマモトの組み合わせモデルは、右記（a）（b）（c）の組み合わせによるモデルであり、たとえば（a）と（c）の組み合わせにより、カメレオン効果（相手の癖等を無意識的に模倣することが親密性を増加させ、さらに相手に対する向社会行動を促進する）が生じる。（a）と（b）の組み合わせでは、嫉妬や不公平忌避が引き出され、（b）と（c）の組み合わせは、手助けを可能にする。そして、（a）（b）（c）のすべてが組み合わさった場合は、同情や慰め行動を可能にするという。（以上、右記特集中の瀧本・山本[1]による）。

（2）共感性とは、刺激個体の情動表出によって生じる、観察個体の情動である。刺激個体の快表出が観察個体の快になることが正共感であり、刺激個体の不快表出が観察個体の不快になることが負共感である。刺激個体の快表出が観察個体の不快になること（たとえば嫉妬）を逆共感といい、刺激個体の不快表出が観察個体の快になること（他人の不幸は蜜の味）をシャーデンフロイデという。以上については、齧歯類においても、原初的な行動が報告されている。附記するなら、ストレス下にいる観察個体の負の状態が、そうでない刺激個体の存在によって緩和される現象を社会的緩衝というが、同じようにストレスを受けている個体が相互に社会的緩衝効果を持つ場合もある。〔引用者註・U氏に対し、同僚職員は、入所障害者は自分たち職員に癒しをくれる旨を話したというが、それは社会的緩衝に相当する考えである。もっとも、U氏は、同僚職員が入所障害者を使役する姿を見ていたから、とてもその考えに同意できなかったであろう。〕

ある個体の情動表出が、それを観察する個体に同様の情動状態を生み出すことを情動伝染と呼び、共感性の最も基本的な要素である。情動伝染は二個体の関係性に依存しており、見知らぬ個体同士の場合には情動伝染の効果が認められないという実験結果がある。

ラットの一個体を拘束具に閉じ込め（拘束個体）、他の一個体（自由個体）が外側から拘束具のドアを開けて拘束個体を解放する実験によると、拘束個体への遺伝的近似度ではなく表現型に対する親近性（同居経験に基づく既知性など）が救援行動に影響を及ぼす。ただし、それは、仲間の苦痛が減ることが快いために生起するのか、仲間が痛がっていることが自分にとって不快であるために生起するのかは明らかではない（以上、同特集中の神前・渡辺[2]による）。

（3）血縁関係や互恵関係にとどまらない積極的な利他行動はヒト特有であり、それを支える心性として、共感が注目を集めている。メンタライジングや心の理論（いずれも他者の心がわかるというほどの意味）などにおける、他者の観点に立ち他者の心的状態を推論する過程を、視点取得と呼ぶ。視点取得は、限定的な形であればチンパンジーでも認められるが、心の理論についてはヒト特有であるという主張が現在のところ支配的である〔引用者註・近年においては、類人猿にも心の理論を通過する能力があるとの研究が、発表されるようになっている〕。一方、他者と情動を共有する過程を情動共有と呼び、齧歯類でも認められる。情動共有は、相手に対する印象や関係性による影響を受ける。

視点取得と情動共有が補完的に働くことによって、利他行動が可能になるのかもしれない。血縁・互恵関係にない他者への利他行動における視点取得の重要性が示唆されているが、情動共有が利他行動にどの程度必要なのかについては、はっきりとはわかっていない。チンパンジーは、ある程度の視点取得能力を持ちながら、自発的な利他行動をとらないが、一八か月の幼児は、他者を自発的に助けようと振舞う。この振舞いは、とくに被害者に向けられやすいことからは、情動共有が自発的な利他行動を促進している可能性を示唆する（以上、同特集中の村田・齋藤・樋口・亀田[3]による）。

（4）利他性の萌芽は、チンパンジーやマウスにもみられるが、大規模な協力行動など高次の共感性・利他性については、社会文化的な説明がなされるべきではないか。ヒトの共感性を、他の心性や行動傾向から切り離された独立したモジュールとして捉えるのではなく、より包括的・システム的に理解する必要はないか。

血縁への共感や直接的互恵性を基礎として内集団へ拡張した議論を、「宇宙船地球号」といった言説と共に外集団へ拡張する方法は、生得論・モジュール（脳機能部位）論と親和性が高い。しかし、内集団に示される利他性までは、情動共有システムを中心に据えて説明できるが、異文化の他者・

外集団にまで利他性を拡張するには、社会慣習・社会制度に依拠した視点取得システムの発現を必要とするという議論が必要である（以上、同特集中の増田による[4]）。

（５）共感性には、身体反応を前提とする情動的共感と、身体反応を前提としない認知的共感とがある。前者は、他者の情動状態に同期するボトムアップ型処理であり、後者は、意識的にオン・オフの制御が可能なトップダウン型処理である。思考や熟慮までを含む認知的共感は、ヒトに固有の能力である。

最愛の人の苦痛を目にした人が、その苦痛を共感すると同時に、その苦痛の原因が他者にある場合には、直ちにその相手に復讐心を抱くように、共感性は攻撃性へと容易に転化しうる。また、情動的共感は、外集団や異文化と交流する社会においては、往々にして差別的ひいきの温床になる〔引用者註・そのためもあって、命を奪われた者の近親者が、しばしば加害者の命を奪うことを主張するのであろう〕。だからこそ、現代社会の多くの場面では、情動をコントロールした上で、他者の身になって考える認知的共感の重要性が高まる（以上、同特集中の長谷川による[5]）。

繁雑な内容をたどってきたが、このように通覧してくるなら、議論の出発点とでもいうべきものが、徐々に浮かび上がってくるようになる。

まず、共感を情緒面において捉えるだけあれば、それは動物にも認められるものであるから、人間と非‐人間を分かつ区分線を構成する指標とはならない。また、それは相手との関係性によ

って変化するし、復讐心などの攻撃性や外集団に対する差別へも転化するから、美しい人間愛へと結びつくものでは、必ずしもない。

一方、共感を認知面においてとらえるなら、それはヒト固有である可能性がある。ただし、血縁関係・互恵関係に結びつかない利他行動や大規模な協力行動は、モジュール論からの説明は難しく、システム論的な理解が必要である。だとすると、人間と非‐人間を分かつ区分線は、集団や社会の思想に規定されると考えざるをえない。

はたして認知的共感は個体の中で生じる現象か・再論

前項までに、人間と非‐人間とを区分する指標として、認知的共感が浮かびあがってきた。しかし、同時に、認知的共感はモジュール論では説明できず、システム論的な理解を、言い換えるなら集団や社会の思想を勘案しなければならないだろうということも、おぼろげながらわかってきた。これらの点について、もう少し考えてみる。

しばしば共感性欠如のモデルであるかのように語られる対象の一つに、自閉スペクトラム症がある。しかし、実際は共感性一般の低さではなく、情緒的共感の相対的低さと認知的共感の相対的高さを持つモデルというべきであろう。あるいは、情緒的共感の低さを認知的共感の高さで補うモデルだと言い換えてもよい。いずれにしても、自閉スペクトラム症の脳障害モデルは、現時点では隠喩というほかないものであるが、そこには二つの系列がある。（以下は、美馬達哉「脳多様性論」[6]を参照している。また、高岡健「自閉症論の原点・再論」[7]に記した内容と重なることをお断りしておく。）

一つは、機械としての脳の仕組み自体に問題はないが、そこを流れる物質の性質や量に異変があるという神経化学的隠喩であり、オキシトシン仮説はその代表だ。オキシトシンは、昔から子宮平滑筋に働く物質として知られていたが、近年は「愛のホルモン」（出来の悪い比喩だが）などと呼ばれている。オキシトシンには他者との信頼関係を築きやすくする作用があると考えられているが、他方で、この物質が民族中心主義（ethnocentrism）を助長するという研究結果がある。もともとオキシトシンは、仲間集団内部での警戒心をゆるめるかわりに、集団外部に対しては人間を攻撃的にさせることが知られていたから、決して不思議な結果ではない。

他の一つは、脳の部品が壊れていたり配線がおかしかったりという、神経構造的隠喩であり、ミラーニューロンネットワーク仮説はその代表だ。ミラーニューロンは、自分が物を取ろうとして手を動かしたときに発火するだけでなく、相手が物を取ろうとして手を動かすのを見るだけでも発火することが、サルの研究で明らかになっている。このとき、サルは自分の手を動かしてはいない。そこから類推して、自閉スペクトラム症では相手の意図が読めないのだから、ミラーニューロンが働いていないのではないか、それが自閉スペクトラム症の「成因」ではないかと考える、研究者が出てきた。

しかし、ここでも、私たちは慎重さが求められよう。ミラーニューロンの機能とは、模倣を意味しているに過ぎないのではないかという疑問を、払拭しえないからだ。模倣を意味しているに過ぎないなら、このニューロンはファシズムニューロンではないか（美馬）という、比喩ならぬ揶揄も成り立つ。

ところで、そもそもヒトのミラーニューロンの存在は、サルのそれのようには明確に実証されていないとの指摘がある。以下に、藤井直敬による優れた啓発書から、(8・9)一部を抜粋してみる。

《僕には他者の意図推定が可能であるという前提そのものに、何か問題があるように思えます。むしろ、他者の意図を正しく推定するというよりは、僕たちの脳は、世界はこう動くであろうという、勝手な思い込みで環境を予想しているという考えのほうが自然な気もするのです。》
《僕たちの結果では、腹側運動前野の神経細胞は自己の動きと他者の腕の動きを区別し、さらにその腕の左右も区別している〔略〕ミラーニューロンは、脳の広範囲から同時に記録する大規模神経細胞活動記録が一般化することで消えて行くファンタジーかも知れません。》
《僕はモジュール仮説という、脳の特定の部位に特定の機能を当てはめる考えに懐疑的です。むしろ、高次機能のほとんどが、複数の脳領域がつながるネットワークの中で、柔軟かつ動的に実現されているという考え方をとっています。ミラーニューロンの考え方には、そのようなネットワーク的な発想があまりなく、発展性に乏しく、せっかくの素晴らしい発見を閉じ込めてしまっている〔後略〕。》

こうして藤井は、「他者の意図理解というのは解決不可能な不良設定問題」とした上で、ミラーニューロン仮説は便利な「ブラックボックス」であるが、それは考えることの放棄に等しく、科学者として問題だと結論づけている。

ミラーニューロン仮説の延長上に「社会脳」（社会性を司る脳部位というほどの意味）を想定する精神医学言説に接したときに、私たちが感じる異和の根拠が、ここに全て記されているといっていい。そういえば、モジュール的精神医学言説のほとんどは、社会脳を「ソーシャルブレイン」と単数形で表記しているが、藤井は「ソーシャルブレインズ」と複数形で表記していた。やはり、モジュール的言説すなわち単数形の脳の故障を想定する学説は、捨て去った方が良いようだ。

#区分線は共同体の境界に沿って引かれる

前項で、美馬が述べたファシズムニューロンという揶揄について触れた。このことを、もう少し敷衍して考えてみる。

先に引用した神前論文の共著者である渡辺茂には、『動物に「心」は必要か』[10]と題された、非常に興味深い一般向け著作がある。その本から関連する箇所を、（本の趣旨からは外れるかもしれないが）あくまでも私の関心の範囲で引用してみる。

《ナチは一九三三年に「動物保護法」を制定した。それ以前のドイツ帝国刑法が、動物が人間のためになるかどうかを法的判断基準としていることを批判し、「このような生命観は、ほかの北方民族と同様に、動物を愛し、動物をものではなく、魂を持ち、感覚を有し、慈しみと愛情を求める権利を有する被造物とみなすドイツ民族の道徳感情に反する」としている。〔略〕ホロコーストを行ったナチは、人間中心主義ではない。人間以外の動物でも、同じ「血と土」に所属する限り、人間と同様に扱われる。逆に、人間でも、同じ血と土に属さなければ、人間扱いされないという訳だ。》

同じ血と土という共同体に所属すると考えられる限りにおいては、「ためになるかどうか」ではなく「愛情を求める権利」が重視される。この歴史的事実に改めて接すると、軽くはない驚きを覚える。ナチズムが、必ずしも生産力思想にとらわれない、「愛情を受ける権利」を主張しているからだ。

　誤解はないと思うが、Ｕ氏を批判する立場のうちのある部分は、主観とは別に、構造としてはナチスと同じではないのか――そういう自省的な驚きといってもいい。あるいは、重度とされる知的障害者も「ものではなく、魂を持ち、感覚を有し、慈しみと愛情を求める権利を有する被造物」だと主張するなら、クジラやイルカも「ものではなく、魂を持ち、感覚を有し、慈しみと愛情を求める権利を有する被造物」だという主張と、同一の口吻になってしまうのではないか――そういう疑問だと言い換えることも出来る。

　それでも同じではなく違いがあるとすれば、いったいどこにあるのか。共同体の範囲を、「血と土」に設定するか、それとも前世紀中葉の重工業社会から排除された障害者コロニーに設定するかの違いでしかないのではないか。

　前者であれば、ユダヤ人を排除することと引き換えに、犬やオオカミを愛情の対象とすることになる。後者であれば、障害者とされた人々を隔離することと引き換えに、「慈しみと愛情」を同じ人々に対して与えるふりが出来る。それだけの違いがあるに過ぎない。

　ようするに、人間と非人間とのあいだの区分線は、血と土か、あるいはコロニーかの違いはあっても、共同体の境界に沿って引かれているだけということになる。だとすると、区分線のうちと外を止揚するための方向性は、ひとえに共同体の再構成如何にかかっているのではないだろうか。ここまでが、『テッド2』の定義の三番目と二番目をめぐる考察の結論だ。

#自己認識は人間の基準か

ここから、『テッド2』の定義の一番目である「自己認識」の問題へと、眼を転じてみることにしよう。

「自己認識」とは何か。映画『テッド2』では、これをごく単純に、「お名前は?」という問いに答えられる能力として扱っている。U氏は、殺害前に「喋れるのか」と確認したというが、それと同等の基準といえよう。しかし、言語コミュニケーションの可否を自己認識の基準とすることに、何らかの合意や普遍性がありうるのだろうか。

このことに関連して、前項でも引用した渡辺の著書には、次のような記述がある。やはり私の関心の範囲で、いくつかを引用してみよう。

《分類学の祖であるカール・フォン・リンネの分類では、類人目〈アントロポモルプス目、のちの霊長目〉にはヒト、サル、コウモリが入っており、彼は形態的に人間を特徴づけることはできず、「自己認識」という機能によって人間を定義した。言語が定義に用いられなかったのは、当時、鳥類もまた言語を持つと信じられていたからである。彼の分類では、ホモ・サピエンス以外にホモ・ウェストリス、ホモ・フェルスという分類項目があり、前者にはイヌイット（エスキモー）、ネグリロ（ピグミー）、コイコイ（ホッテントット）などが入り、後者には野生児が入る。》《一九八九年に生命倫理学者のピーター・シンガーが、一つの問題提起をした。「自己認識や快苦の感覚の獲得が将来も望めない障害新生児の安楽死を求めよう」というものである。ドイツ語圏では当然、ナチを思い起こさせるこの言説は、多くの批判を浴びた。しかし、これは皮肉なことでもある。シンガー自身が、身内を強制収容所で亡くしているユダヤ人であるからだ。》

その時々の最高水準と目される生物科学によって人間と非-人間を切り分けるという、身も蓋もない結論を受け入れたとしても、それがいったい何ほどのものなのか、という疑問が生じる。すなわち、生物学的区分線が時代によって変化してきたのなら、これからも変化するのではないかという疑問だ。だから、「自己認識」という指標が導入されても、「自己認識」の生物学は自明とはいえない。

では、そもそも「自己認識」は、どこから発生するのか。

この問いに関して、吉本隆明[11]は、〈自体識知〉と〈対象化識知〉という概念を提出している。〈自体識知〉とは、胃や心臓や肺を、「胃が痛む」といった形で直接的に認知し、その像を形成することを指している。他方、〈対象化識知〉とは、胃や心臓や肺について流布されている概念・知識・解剖像などになぞらえて、「自分の胃や心臓はかくあるものだ」と把握することを指す。

吉本は、このような二重性が人間の身体像の起源をなすものと考え、次のように述べる。

《この〈自体識知〉と〈対象化識知〉の二重性は、もちろん、じぶんがじぶんの認識の座である〈身体〉を、自己把握するという（矛盾した）ばあいに、はじめて明瞭に露呈されるもので、はじめから、自己の外に、客観的に存在する事物にたいする把握では、明瞭におこらないことはいうまでもない。しかし、本来的に、この種のばあいに起ることは、〈自己が自己を自己の外におく〉という経路をともなうものだといいかえれば、対象がどのような状態にあるかということとはかかわりなく人間に固有なものだ、ということはできるだろう。》

いくつかの疑問が浮かび上がる。第一に、〈自体識知〉と〈対象化識知〉の二重性が人間に固有だとするなら、それは当然にも人間以外には生じえないということになるが、ほんとうにそうなのか。第二に、知的能力や想像力とは無関係に、そのように言いうることなのか。第三に、それは共同体の境界とは無関係に、言いうることなのか。

第一の問いに対しては、おそらく生物学的には答えようがない。近似的な実験モデルをつくろうにも、〈自体識知〉はともかくとして、〈対象化識知〉のモデルについては、つくりようがないからだ。しかし、哲学的には答えることが出来る。吉本は、「人間は動物とちがって、欲求するものにしたがわないことができる」と記しつつ、フォイエルバッハ[12]の次の箇所を引用している。

《確かに人間の胃すらが、如何に我々がそれを侮蔑的に見下げて居ようと、何等動物的なるものではなく、却って普遍的な、一定の種類の栄養手段に限定されざる本質なるが故に人間的な本質である。恰かもその故に、人間は動物が獲物に飛びかゝる時の貪欲の奔騰から自由であるのである。》

動物の胃は、欲していないときか欲していないものでない限り、その食物を喰べる以外に選択肢がない。しかし、人間の胃は、欲しているものを喰べないことが出来る。欲しているものを喰べるのは一義的関係だが、欲しているものを喰べないという選択肢が加わると、それは多義的である。前者（一義性）は意味に過ぎないが、後者（多義性）は価値であり、それは人間の本質である――フォイエルバッハは、そう述べていることになる。この見解こそが、哲学的回答にほかならない。

では、第二の問いについてはどうか。最重度の知的障害者を想定してみるなら、どのような場合でも〈自体識知〉が成立していることには疑いがない。彼の腹部のあたりに激痛が走ったとき、たとえ「胃」という概念を持っていなくとも、その部分に手を当てたり、心拍数が増加したりといった、身体反応が生まれるからだ。

〈対象化識知〉についても同じだ。彼は、胃袋がどのような形をしているかを知らない。それでも、彼は固有の像としての「胃」（そういう名前や概念は持たないにしても）を、有しているのではないか。恒常状態にあるときの像は、水面に似ているのか、あるいは木漏れ日に似ているのかはわからないが、何らかの像を結んでいるという想定は不自然ではないし、少なくとも否定される根拠は見いだせない。しかし、何らかの異変が生じると、水面は波立つかもしれないし、木漏れ日は暗黒へと急激に変化するかもしれない。つまり、恒常状態とそこからの偏移とのあいだに〈対象化識知〉が成立しているのだ。

こうして、〈自体識知〉による身体反応と〈対象化識知〉による恒常状態からの偏移との二重性によって、彼の身体像が発生する。この身体像こそが、自己認識の起源にほかならない。

第三の問いについてはどうか。〈自体識知〉と〈対象化識知〉の二重性における矛盾は、自己の外部に客観的に存在する事物に対する矛盾ではないがゆえに、共同体の枠組みに規定されることはないであろう。もし規定されることがあるとすれば、二重性における矛盾が魔術や天罰のような意味（そういう名前や概念が不明瞭なときも含めて）を引き寄せている場合、つまり特殊形態を引き寄せている場合に限られることになろう。

以上より、次のような暫定的結論が導かれる。すなわち、**〈自体識知〉による身体反応と〈対象化識知〉による恒常状態からの偏移の二重性から発生した身体像は、とりあえずは共同体の枠組みには規定されずに、自己認識の起源を形成する。そして、この像はおそらく人間に固有である。**

#では共同体は人間であることに全く影響を及ぼさないのか

この章の前半でしばしば用いられていた「ヒト」という表記は、いつの間にか「人間」という表記へと移行している。その理由は説明するまでもない。共感のモジュール学説による「ヒト」が限界につきあたり、共同体に沿った区分線が引かれたと気づいたとき、〈自体識知〉と〈対象化識知〉の二重性（における矛盾）という別の視点が、「ヒト」ではなく「人間」を引き寄せたからだ。

こう見てくると、〈自体識知〉と〈対象化識知〉の二重性（における矛盾）こそが人間の定義だとする暫定的結論を、急ぎ足で承認したい誘惑に駆られる。先に見てきたように、そのこと自体は正しい。だが、この二重性を外部から認識するまなざしがなければ、人間という概念は成立しない。繰り返して述べるなら、**人間は存在するだけで人間だが、人間の概念は外部からのまなざしなしには成立しない**ということだ。

このとき、外部からのまなざしには、再び共感が回帰してくるのではないか――この点が、なお解明されるべき課題として残されている。本章の前の方でみてきた情動的共感と認知的共感のうち後者は、いままでのところ人間に固有の可能性がある。ただし、後者といえども、集団や社会による規定を免れることは出来なかった。いま情動的共感と認知的共感が、外部のまなざしの中に回帰してきたとき、これらのうちの一つないし二つが、共同体の枠組みとあいまって、概念としての人間を成立させるための働きをするのではないかと、言い換えてもよい。

このような外部からのまなざしには、まなざす人の属性により、当然にもさまざまなバリエーションがありうる。本章の冒頭に記したような、自分自身が何らかの障害を有しているか、血縁者や知人に何らかの障害を有する人々がいるか、収容施設に所属して仕事をしているか、あるいはそれらのいずれでもないか、といった属性である。

もちろん、これらの属性が共感と結びつくだけでは、人間と非人間とのあいだの区分線について回答することが出来ないのは、すでに検討した通りだ。そうではなく、ある共同体の範囲が確定したとき、その範囲でのみ流通する、人間と非人間とのあいだの区分線が引かれるということが重要なのである。

さて、ここまでに検討を加えてきた共同体という用語は、最近のフェミニズムの言説では「平等」と言い換えることが出来る。人間の「依存」を組み入れた平等概念として語られているものが、それだ。

おそらく私はフェミニズム言説の良い理解者ではないだろうが、それでもこの言説には、無視しえない何かが含まれていると思う。以下に、キテイの著書において言及されている、シンガー（前章で言及した渡辺の著書を参照）に関する部分を引用してみる[13]（なお、キテイの著書の邦題に含まれる「正義」は、原題では「equality」である）。ちなみに、キテイの娘には「重い知的障碍と発達障碍がある」という。

キテイは、いかなる存在であれ痛みを感じるのであれば道徳的な資格を持つ人として認められるべきというベンサム的な立場を、「すばらしい議論」としつつ、シンガーらの功利主義はベンサムの立場そのものではなく、二階層の道徳論であると批判している。第一の階層は、思考もし感じることも出来る者たちのための道徳であり、そうした者は人格（パーソン）と呼ばれる。第二の階層は、ただ感じることしか出来ない生き物のためのものである。キテイは、このように整理した上で、次のように批判する。

《では、人格とは何なのでしょうか？　かれら〔シンガーら・引用者註〕は、ロックの定義、つまり記憶や認識能力の強調を基本にしています。かれらの考える人格とは、自己意識をもち、記憶をもち、自らの生の物語を創造し、人間の芸術や達成物の素晴らしさを評価できる、といっ

た具合です。》

《シンガーやシンガーと同じ立場の者は、人類ではなく人格性に道徳的地位を与えたいのです。〔略〕したがってシンガーにとって、深刻な認知障碍を負った人よりも、能力のある類人猿のほうが高い道徳的地位を占めます。》

《わたしがわからないのは、人間ではない動物の権利を主張するために、なぜ、ある人たちを蔑むようなことをしないといけないのか、ということです。確かに、人間に実効性のある権利を実際に与えるための基盤が、すべての人に当てはまるわけではない〔略〕〔しかし・引用者註〕すべての人が人権を与えられるべきだと論じる、また別の理由があるのです。人間である、というその事実こそが、十分な基盤ではないでしょうか。》

あたかも、U氏と、U氏を批判し説得しようとする人たちとのあいだの議論を、聞かされているようだ。人間の概念についての定義が違えば、議論はすれ違ったままであるのも当然だろう。ナチズムもリベラリズムもフェミニズムのケア思想も、それぞれが自明であるかのように想定している共同体の範囲で人間の概念を定義づけている限りは、議論が噛み合うべくもない。

自分自身が何らかの障害を有しているか、血縁者や知人に何らかの障害を有する人々がいるか、収容施設に所属して仕事をしているか、あるいはそれらのいずれでもないか、といった属性をすべて包括しうるような共同体からのまなざしがあって、そのまなざしが〈自体識知〉と〈対象化識知〉の二重性（における矛盾）を人間として定義づけることを可能にしたときにのみ、はじめて議論は噛み合うようになる。

もういちど言うが、〈自体識知〉と〈対象化識知〉の二重性（における矛盾）は、共同体の枠組みには規定されないが、それを人間として定義づけるには、共同体からの**包括的な**まなざしを必要とする。共同体からの**個々の**まなざしは、障害者との何らかのかかわりを有しているか有していないかによって、強弱の差を伴うであろう。共同体の内部に共感性現象が回帰するからである。しかし、いかなる強度を伴う共感性現象の回帰であっても、それらをすべて包括するまなざしを想定しうるならば、個々のまなざしの強弱は無限に相対化されるはずだ。

こうして、**属性の違いをすべて包括するまなざしという、最後の課題**が残った。いまのところ、このまなざしは、理論的にしか想定しえない。すなわち、マルクスの言う「類的存在」である。だが、「類的存在」を人間の概念として導き入れたときに、決定的に抜け落ちるものがある。それを吉本は、次のように指摘した。


《ところで、このマルクスの考え方が、たとえ真理であったとしても、たとえば精神的な狂者や疾病者や動物的にしか生活することを許されない身体的不具者は、はじめからマルクスの考え方の中に登場することができない。むしろ、フォイエルバッハの考え方のなかの方が、精神的狂気を狂気とし、身体的欠陥を欠陥とし、個人を個人としてとらえようとするばあいには登場しやすいのである。》

《マルクスにとって、さして重要でなかったとしても、個別的人間の心身の働きをそれ自体としてとらえるという必要が人間にあるかぎり、そのようにとらえる専門家も、そのようにとらえることが有効な人間の疾病も存在することをやめないのである。》

不適切に見える用語に、目くじらを立てる必要はない。ここでは、「専門家」や「疾病」に関する考察が必要だという以上に、人間の概念から再び個別的人間へと還っていく回路が要請されているという指摘のほうが重要だ。共同体からのまなざしが無限遠点にまで退いたとき、かえって見えにくくなるものがあるからだ。

以上を確認した上で、再び「すべてを包括するまなざし」とは何かを、整理しておこう。前項で引用したように、フォイエルバッハは、胃すらが何ら動物的なものではなく、人間的な本質であるがゆえに、人間は動物の貪欲から自由であると述べていた。この自由こそが、人間の価値にほかならない。やはり前項で検討したとおり、「欲求するものにしたがわないこと」（吉本）が、動物と人間との分岐を形づくるのであり、そのような多義性が人間の（意味ではない）価値なのである。

自分自身や血縁者や知人に障害を有する人がいようがいまいが、また収容施設に所属していようがいまいが、それらのすべてを包括するまなざしとは、実は**意味や目的を持つ人間ではなく、ただ存在するだけの人間を価値として認める、もう一つのまなざしにほかならない。このようなもう一つのまなざしによって、人間の概念は共同体の中の人間へと還る**ことになるのである。

文献

（1）瀧本彩加、山本真也：共感関連現象を説明する組み合わせモデルとヒト以外の霊長類における事例．Japanese Psychological Review 2015. Vol 58. No.3. 255-270

（2）神前裕、渡辺茂：げっ歯類の共感性．Japanese Psychological Review 2015. Vol 58. No.3. 276-294

（3）村田藍子、齋藤美松、樋口さとみ、亀田達也：ヒト社会における大規模協力の礎としての共感性の役割．Japanese Psychological Review 2015. Vol 58. No.3. 392-403

（4）増田貴彦：共感性研究の発展のための理論的枠組み——村田・齋藤・樋口・亀田論文へのコメント——．Japanese Psychological Review 2015. Vol 58. No.3. 404-410

（5）長谷川寿一：共感性研究の意義と課題．Japanese Psychological Review 2015. Vol 58. No.3. 411-420

（6）美馬達哉：脳多様性論．情況別冊思想理論編3：81―99、二〇一三

（7）高岡健：自閉症論の原点・再論．精神医療79：78―86、二〇一五

（8）藤井直敬：つながる脳．NTT出版、二〇〇九
（9）藤井直敬：ソーシャルブレインズ入門．講談社、二〇一〇
（10）渡辺茂：動物に「心」は必要か．東京大学出版会、二〇一九
（11）吉本隆明：心的現象論本論．文化科学高等研究院出版局、二〇〇八
（12）フォイエルバッハ・L（植村晋六訳）：将来の哲学の根本命題．岩波書店、一九四九
（13）キテイ・E・F（牟田和恵、岡野八代訳）：ケアの倫理からはじめる正義論．白澤社、二〇一一

第6章　優生思想の過去と現在

#優生思想という言葉

いわゆる新型出生前診断（Non-Invasive Prenatal genetic Testing: NIPT）や受精卵診断ないし着床前遺伝子診断（Preimplantation Genetic Diagnosis; PGD）に関連して、優生思想が、命の選別という言葉とともに論じられる機会が増えてきた。

優生学（eugenics）という言葉が、「人類の生物学的改良を行う科学」という意味で用いられ、「優等」とされる人間を増やす積極的優生学と「劣等」とされる人間を減らす消極的優生学の両者を含むということに関しては、おおむね異論がみられない。他方、**優生思想**という言葉に関しては、確定した定義が存在するわけではなく、またそれに対応する外国語も、eugenic ideology といった表現が用いられることがあるものの、文字通り「優生学的」思想という意味で使用されるか、または専門用語というよりは一般用語に近い形で使用されることのほうが多い。（ちなみに、国連障害者権利委員会は、日本に関する総括所見の中で、eugenic mindset ないし eugenic attitude という言葉を用いている。どちらも、優生学的態度とでも訳せばいいだろう。)

日本では、優生思想という言葉は頻繁に用いられ、しかもたいていは批判的ニュアンスを帯びた使用法になっている。このことについて、市野川[1]は、かつては優生学とイコールとして使われていた優生思想という日本語は、一九七〇年代になると、はっきり批判されるべきものとして認識されるとともに、障害者差別全般を意味する言葉として用いられるようになったと述べている。つまり、優生思想という言葉は、一九七〇年代の日本における障害者運動の中で登場したという歴史的事実に基づいているのである。ただし、ゲノム操作などが進み出生前診断が根付きつつある(かにみえる)現在、「新優生技術」のすべてを優生思想と呼んでいては議論が的はずれになるばかりとの、岡田[2]による指摘もある。

#背景

今日において、優生思想に焦点があてられる背景としては、少なくとも次の三点をあげることができる。

第一に、第4章でもとりあげた相模原殺傷事件(津久井やまゆり園事件)である。この事件を引き起こしたU氏は、「障害者を殺すことは不幸を最大まで抑えること〔原文ママ〕」と主張していた。

このようなU氏の〈抹殺の思想〉を優生思想と呼ぶべきかどうかについては、さまざまな意見がありうる。優生学は元来、出生後の殺害を含んではいないから、優生思想もまた出生後の殺害を指す言葉ではないはずだという考え方もある。

他方で、生殖細胞への攻撃、胎児への攻撃、そして人間の生命それ自体への攻撃は連続するものであり、相互に移行が可能との考え方もある。[3] ちなみに、障害者権利条約をめぐる国連から日本政府への勧告（総括所見）でも、この事件は優生思想との関連で取りあげられている。

第二に、旧優生保護法国賠訴訟である。二〇一八年に開始されたこの訴訟は、改めて同法の問題点を白日の下に晒した。もちろん、訴訟開始までには、長い助走期間があった。一九九四年のカイロ国際人口会議での安積遊歩による訴え、一九九五年の世界女性会議におけるＤＰＩ（Disabled People's International）女性障害者ネットワークによる問題提起、一九九七年の優生手術に対する謝罪を求める会の結成、一九九九年のスウェーデンにおける断種法被害者に対しての保障制度の運用開始、二〇一四年の障害者権利条約批准、二〇一五年の飯塚さん（一六歳時に何の説明もないまま不妊手術を受けさせせられた宮城県の女性）による日弁連への人権救済の申し立てなどである。[4]

一連の国賠訴訟に関しては、除斥期間（被害の時点から二〇年が経過した時点で請求ができなくなる制度）の壁に阻まれる敗訴が続いたが、二〇二二年の大阪高裁と東京高裁での逆転勝訴など、除斥期間の壁を乗り越える判決もみられる。なお、旧優生保護法の問題をめぐる国家の責任については、すでに何度か言及した国連障害者権利委員会の総括所見でも指摘がなされている。

第三に、新型出生前診断（ＮＩＰＴ）や、着床前診断（ＰＧＤ）をめぐる動きがある。（なお、ＮＩＰＴについては、新型出生前「診断」ではなく新型出生前「検査」というべきとの意見もあるし、実際に「検査」という言葉がしばしば用いられているが、実質的に診断の重要部分を構成する形で行われている医療行為を、ことさら「検査」であると強調することのほうが、問題の隠蔽につながりやすいであろう。そのため、本稿では、引用以外の部分については新型出生前「診断」という言葉を用いる。）

二〇二一年に、厚生科学審議会科学技術専門部会は「ＮＩＰＴ等の出生前検査に関する専門委員会報告書」を公表した。翌年には、日本産科婦人科学会が「重篤な遺伝性疾患を対象とした着床前遺伝学的検査」を内規に定めた。同じ年、日本医学会出生前検査認証制度等運営委員会が、「ＮＩＰＴ等の出生前検査に関する情報提供及び施設（医療機関・検査分析機関）認証の指針」を公表した。以上については後ほど詳しく説明するが、これらは、「すべり坂」という言葉がしばしば使われるように、総じて過去に対する反省のないままでの、前のめりの動きといわざるをえない。

歴史

日本における優生思想の歴史を以下に確認しておこう。(5)

一九三〇年から、日本民族衛生学会という団体が活動をはじめ、一九三〇年代後半にはナチスドイツからはやや遅れつつも、民族優生保護法案というものを経て、国民優生法案が国会へ提出されるに至った。この法案に関し、精神科医の金子準二らは、「家族制度を崩壊せしめる」「祖先崇拝観念を消失せしめる」等の理由を挙げて反対した。これらは、**第一次産業社会**におけるアジア的な農耕国家観を反映した反対理由といえる。もっとも、成立した国民優生法は、戦前の「産めよ増やせよ」の社会の中で、断種法というよりも、むしろ実質的には中絶禁止法として機能する結果になった。

この時期の優生思想はナチスドイツの法律を手本にしており、このあと述べる戦後の優生思想と比べると、対象を遺伝性（と当時は考えられていた）疾患に限定するなど、相対的にではあるが、まだしも歯止めの利いたものであった。（ただし、ナチス政権下のオーストリアでは、小児科医のH・アスペルガーが、治療教育可能な子どもと不可能な子どもを分け、後者を「安楽死」させる病院へ送り込んでいたことが、近年の研究で明らかにされた。このような分別は、障害を有する子どもたちの中から「才能」のある障害児を取りだし、後者のみをことさらもてはやす、現在の日本の風潮にも通ずるものがある。）

戦後、当時の社会党が主導し成立させた優生保護法は、対象を非遺伝性疾患にまで拡大した。かつて、欧米の進歩主義者が国家社会主義者とともに推進した優生思想は、戦後日本においてもリベラルな社会主義者によって推進され、しかもその対象はナチスドイツの断種法の枠を超えて、遺伝性ではない「精神病」や「精神薄弱」にまで拡大されたのである。ちなみに、戦前の国民優生法に反対していた金子は、戦後になると「精神障害者の遺伝を防止するため優生手術の実施を促進せしむる財政措置を」と主張するに至った。アジア的農耕国家を脱し工業化すなわち**第二次産業社会**をめざす戦後日本社会が、金子の変節をもたらしたと考えることができる。

さて、一九七二年に国会へ上程された優生保護法改正案は、経済条項（経済的理由による中絶）を削除し胎児条項（「胎児が重度の精神または身体の障害となる疾病または欠陥を有しているおそれが著しい」場合の中絶）の新設を企図するものであった。この改正案は、青い芝の会などの障害者団体やウーマンリブと呼ばれていた女性団体の反対闘争により廃案となった。

日本児童精神医学会（のちの日本児童青年精神医学会）は、当時の「不幸な子どもを産まない運動」を批判しつつ、「優生保護法『改正』（案）に反対する声明」を公表し、その中で、同法改正案は「産む権利の侵害でありかつ障害者の生きる権利を否定するものであるので直ちに撤回すること」と主張した。また、同学会の小澤勲は、「親の痛みを逆手にとって、制度化してしまうような改正案に賛成するわけにはいかない」として、「優生保護法改正反対から、優生保護法自体の解体へ、そして堕胎罪撤廃へ向かわねばならない」との論陣を張った。

一九八〇年代になると、岐阜大学胎児解剖実験が明るみに出された。この実験は、ある民間精神病院に強制入院中であった妊娠一六週以降の女性を、岐阜大学病院へ転院させて中絶させ、胎児脳を解剖するという非道なものであった。一九八〇年代は**第二次産業から第三次産業社会への過渡期**であり、この時期に人間を共同体の外へはじき、粗雑な研究を共同体内部へ還元しようとする専門家集団（日本生物学的精神医学会）が誕生しつつあったことが、人体実験の背景にあった。

この実験に対する批判後の一九九一年に、日本精神神経学会は「優生保護法に関する意見」を公表し、優生手術に関する条項をすべて削除するよう求めた。その後、同法は当時の自社さ連立政権によって、一九九六年に母体保護法へとかわった。母体保護法への転換を主導した参議院議員（当時）の朝日俊弘[6]は、これで問題がすべて解決したわけではなく、被害者救済の具体化や、個人が自由に選択する優生思想＝優生主義についての問題が残されていると総括している。すなわち、**第三次産業社会**（情報産業社会）における医療の難所をどのように克服すべきかが、依然として問われているという意味にほかならない。

現状

日本民族衛生学会は機関誌の巻頭言に「ハイル・ヒトラー！」と記すような団体だったが、近年になって日本健康学会という名称へ衣替えをした。そして、過去に国民優生法の成立を推進してきたことに関し、二〇一九年になって「学会が主に関わったのは国民優生法だが」と限定しつつ、建議に大きな役割を果たし負うべき責任があると、一応は反省のそぶりをみせている。ただし、優生保護法およびその改正案について、これまで何の意見も述べてこなかったことについての反省はない。

このような姿勢については、他の多くの学会も異曲同工である。日本人類遺伝学会は、一九七〇年代に「不幸な子どもを産まない運動」は喜ばしいと述べていたことが批判されているが、優生保護法が母体保護法へとかわる時期にも、出生前診断や遺伝子診断への配慮がないままの法改正には疑問があるとの理事会声明を公表していた。

この学会は、後発の日本臨床遺伝学会（のちの日本遺伝カウンセリング学会）と合同で、二〇〇二年に臨床遺伝専門医制度を、そして二〇〇六年に認定遺伝カウンセラー制度を発足させているが、自らに向けられた上記の批判や、「出生前診断や遺伝子診断」に関する先走りの声明については、口をつぐんだままである。

これらの延長上に、二〇二〇年、日本医学会連合は、優生保護法の成立と推進の原因として、呆れることに、インフォームド・コンセント（ＩＣ）やインフォームド・アセント（ＩＡ）の普及がなかったことを挙げた。しかし、ＩＣとは、患者—医療従事者間の信頼関係に基づいて情報の不確実性を減らし、患者の生き方に即応した治療を押しすすめることを意味するものであるから、そもそも優生思想に対する歯止めになるような概念ではない。同様に、ＩＡとは、ＩＣを与えることができない人（例えば幼い子ども）の場合、患者（患児）―権利擁護者（保護者）―医療従事者間の信頼関係に基づいて情報の不確実性を減らし、患者の精神発達に即応した治療を推進することを意味するものであるから、そもそも断種や中絶に適用されるような概念ではない。

にもかかわらず、ＩＣやＩＡへ論点をずらして事足れりとする流れは、日本産婦人科医会（旧母性保護医協会）や日本産科婦人科学会においても同様である。前者は、旧優生保護法の制定に関与しながら問題性に思い至らなかったとの反省の姿勢を二〇二〇年に見せているが、結局はＩＣやＩＡが不足していた点を言い訳にしているだけである。そして後者は、二〇二一年に公表した福岡宣言の中で同じく反省とお詫びを述べつつ、会員に周知し（何を⁉）、ＩＣとＩＡを浸透させ（何のために⁉）、教育（何を⁉）を行うと公言しているのである。

このような動向と前後して、二〇二一年に公表された「ＮＩＰＴ等の出生前検査に関する専門委員会報告書」（厚生科学審議会）は、厚生労働省も参画する出生前検査認証制度等運営委員会（仮称）を日本医学会に設置し、情報提供、実施医療機関の認証基準の作成と認証制度の運用、検査分析機関の認証基準の作成と認証制度の運用を打ち出した。そして、妊娠の初期段階における情報提供として「誘導にならない形での情報提供」（そんなことが過去の反省なしにできるのだろうか⁉）を、ホームページ等を通じて行うとした。こうして、二〇二二年二月に日本医学会は「ＮＩＰＴ等の出生前検査に関する情報提供及び施設（医療機関・検査分析機関）認証の指針」をまとめ、併せて三七三か所の基幹施設と連携施設を認定するに至った。

しかし、この「指針」は、わずか二回の会合で取りまとめられたもので、拡大ありきという既定の流れがあったとして批判されている（二〇二二年三月八日「毎日」）。すなわち、二〇二一年一月に初会合が行われ、二〇二二年二月の非公式会合で取りまとめられたものであり、ある委員は「たたき台はゼロベースでなく、拡大ありきで進んだ」と述べ、別の委員は「全妊婦への情報提供が必要かという点について話し合いすらまともになかった」「無認定施設に流れる妊婦への対処という目的で、既定の流れがあった」と語っている。カウンセリングのない無認定施設をスケープゴートにすれば、カウンセリングが万能で認定施設は折り紙つきの医療機関であるかのような見かけをとることができる――そこへ向かって誘導された（した）事情を、よく物語っている言葉だといえる。

さらにいうなら、NIPTは、PGDへの、いわば露払いとしての性格をも有している。（ちなみに、日本産科婦人科学会は、二〇二二年一月九日に、不妊症・不育症を対象とした検査であるPGT-A＝着床前染色体異数性検査およびPGT-SR＝着床前染色体構造異常検査と、重篤な遺伝性疾患を対象とした検査であるPGT-M＝単一遺伝子疾患に対する着床前検査のそれぞれについて、見解を発表している。そして、前二者が体外受精の予後の改善を目指すものであるのに対し、後者は特定の遺伝子異常の発見を目的とするものであるから、後者については推進するという考えではなく個別に対応するとしている。）

ＮＩＰＴは胎児由来のＤＮＡの断片を解析することにより、13番、18番、21番の染色体異常（トリソミー）の可能性を調べるものであり、ＰＧＤは体外受精や顕微授精で得られた胚を子宮に戻す前に染色体数の異常の有無を診断し、異常がないと判断された胚を移植するものである。したがって、前者は中絶につながりうるが、後者には中絶手術の過程自体は存在しない。

こうしてみると、ちょうど脳死臓器移植には人工臓器が普及するまでの過渡期であるがゆえの批判が存在するように、ＮＩＰＴにはＰＧＤが普及するまでの過渡期ゆえの批判が存在するという一面がある。かといって、仮にＰＧＤが普及するようになったとしても、そこで命の選別をめぐる問題が解決するわけではもちろんない。むしろ、命の選別の問題は、より不可視化される形で存在するのである。この点については、後にもう一度触れる。

討論

以上より、ＮＩＰＴをめぐっては、少なくとも次に示す五つの問題点が浮上することになる。

第一に、医学関係団体に限れば、かつての優生保護法に対する批判を明確に述べていたのは、一九七〇年代の日本児童（青年）精神医学会と、一九九一年の日本精神神経学会だけであった（なお、日本精神神経学会は、相模原殺傷事件と優生保護法国賠訴訟以降、優生保護法と学会とのかかわりについて、現在に至るまで詳細な点検調査と研究を続けている[7]。

それら以外の学会は、一九七〇年代の障害者運動と女性運動が提起した問題に言及しないまま、ＮＩＰＴの推進へと舵を切っている。顧みるなら、一九七〇年代の欧米では中絶の自由をめざす運動のみが最高潮に達していたのに対し、同時期の日本では中絶の自由を守りながらも胎児条項に反対する障害者と女性の共闘がみられたのである[8]。しかし、たとえば現在の「認定遺伝カウンセラー到達目標」にはこれらの歴史認識が含まれていないという事実が示すように、一九七〇年代日本の最良の遺産を無視してＮＩＰＴは推進されているといわざるをえない。

第二に、優生思想へと誘う国家意志を隠し、あたかもすべてが自己決定であるかのような仮構が形成されつつあるという問題がある。

利光[9]によると、一九七〇年代終盤には医療側による説明と女性およびカップルの希望に基づいた出生前診断という枠組みが形成され、このような体制のシステムに乗せられた状況は、一九九〇年代中盤には「それでもあえて個人が選択することを提起したい」とする女性運動、障害児を産めない社会が問題であることには同意しつつ「社会の条件が整えば、障害児だと分かっても安心して産めるのだろうか？」と問う女性障害者、胎児診断自体さらには胎児診断を受けること自体に反対する青い芝の会という三者のあいだに、大きな隔たりを存在せしめることになった。このような隔たりは、現在においても止揚されたとはいえない。

第三に、カウンセリング万能主義の錯誤がある。「日本医学会遺伝学的検査・診断に関するガイドライン二〇二二」は、カウンセリングは「疾患の遺伝学的関与について、その医学的影響、心理学的影響および家族への影響を人々が理解し、それに適応していくことを助けるプロセス」であり、インフォームド・チョイスなどが含まれると述べている。ここでは、先のICやIAではなく、インフォームド・チョイスという言葉が用いられている。さすがに、ICやIAという言葉は的外れだと気づき、より無機質的な言葉に言い換えたのであろう。こうなると、医療従事者は説明するだけです、あとはあなたたちが勝手に決めてくださいという方向に対する歯止めがなくなることは、目に見えている。いわゆる「すべり坂」であり、この点については厚生科学審議会専門委員会においてさえ言及されている。

では、遺伝カウンセリングが「すべり坂」に対する歯止めとなりうるのか。すでに述べたように、カウンセリングの役割を喧伝する日本人類遺伝学会は、一九七〇年代に「不幸な子どもを産まない運動」は喜ばしいと述べていたことが批判されていた。また、「認定遺伝カウンセラー到達目標」には、一九七〇年代の障害者運動と女性運動とのあいだの討論および共闘の歴史が含まれていない点についても、すでに指摘したとおりである。こうしてみると、カウンセリングは「すべり坂」の歯止めになりうる要件を欠いており、非認証施設の排除と遺伝カウンセリングの実施を錦旗のごとく掲げることによって、NIPT推進の護符として扱われるだけだといわざるをえないであろう。

第四に、すでに指摘した通り、ＰＧＤへの過渡期としてのＮＩＰＴの問題を考えねばならない。

このことに関連するのでここで取りあげることにしたいが、日本において中絶が急増したのは一九五五年前後であった。その頃の中絶経験者が、一九七三〜一九八〇年代半ばに、さかんに水子供養を行うようになった。背景には高度成長期後における社会不安があり、女性週刊誌やテレビのワイドショーなども不安を煽って、水子供養の数は頂点に達した。その後、水子供養の数自体は減少へ転ずるが、一方で胎児の超音波写真などを納める人たちがみられるようになったといわれている(10)。

ここで重要なのは「可視化」であろう。超音波装置などの医療機器が普及するまでは、胎児は可視化されていなかった。このような時期には、江戸時代のように、水子が村落共同体の中で再生されるという物語を、共有することさえ可能であった。しかし、画像により可視化されると（エコー診断装置の小型化は一九八〇年、超音波ドップラー装置による心拍数観察は一九八四年）、胎児は人間として個別化されるようになったのである。

ＮＩＰＴをめぐる議論は、胎児の可視化と不可分である。他方、ＰＧＤは胎児以前の受精卵を診断するものであるから、当然にもそれは不可視化され、ただ想像力を介した可能態としての人間を視ることができるだけである。こうなると、ＮＩＰＴの時代の中絶をめぐる論争はかき消されてしまい、ＰＧＤによりすべては解決されたかのような見かけが出現するであろう。しかし、それでも命の選別という問題が根底的に解決されるわけではないから、議論は継続されることになるであろう。繰り返して述べるなら、ＮＩＰＴはＰＧＤへの過渡期であるが、ＰＧＤによって再び不可視化がもたらされても、想像力はもはや不可視化されえないのである。

第五に、優生思想をめぐっては、常に保守派とリベラル派とのあいだでの「ねじれ」があった。アメリカや北欧など、ナチスドイツよりも先行した優生思想はリベラル派によって推進されてきたし、戦後日本における優生保護法の導入も社会党によって推進されたことは、すでに記したとおりである。

これらは、今日ではリベラル優生学（新優生学）の問題として再登場しつつある。リベラル優生学では、病気の子の誕生防止（消極的優生学）と遺伝形質の改良（積極的優生学）とのあいだに明確な区別はなく、ただ個人の選好に委ねられるべきであるとされる。このため、リベラル優生学は自己決定論とともに語られることが多いが、自己決定と言っても「選択肢の一方に選択を困難にする条件があれば、選択が自由に行われたとは言えない」[11]との指摘がある。また、「遺伝子工学的な介入をした場合には、計画された子供に第二人称として語りかけ、その子供を相互理解のプロセスに組み込むようなコミュニケーション的空間の余地が開かれていない」[12]（障害を有していないという条件つきで胚胎・誕生させられる子と母親とのあいだに自然な交流は成立しないといったほどの意味・

引用者註）という指摘がある。この重要な指摘については、次項でもう一度触れる。

提言

　ここまでに述べてきたことがらに基づき、以下の二点を提言しておきたい。

(1) 一九七〇年代において優生思想に賛成した団体や沈黙した団体は、ＮＩＰＴやＰＧＤについて意見を公表する資格がない。彼らは、なぜ賛成ないし沈黙したかを真摯に総括しないまま、ＮＩＰＴやＰＧＤを推進すべきではない。

(2) 選択的中絶は選択的出生でもあるから、13、18、21トリソミー（13番、18番、21番の染色体が二本ではなく三本になった状態）を有していないはずという条件つきで生まれてきた子ども（いわゆる健常な子どもと、三種類のトリソミー以外の障害を有する子どもの、両者を含む）と母親とのあいだに、はたして前項で引用した「相互理解のプロセスに組み込むようなコミュニケーション的空間は開かれて」いるかどうかが、重要な論点になる。このことは、換言するなら、「原初の母性的没頭」[*1]が成立するのかを問うことでもある。ひらたくいえば、ある障害を有していない子だから愛するという条件のもとに生まれた「健常児」や「13、18、21トリソミー以外の障害児」に対し、無条件の母子間の愛は成立困難ではないかという問いにほかならない。残念なことに、このような母子間の「コミュニケーション」についての議論が、現下のＮＩＰＴやＰＧＤを推進する諸団体にあっては、あまりにも欠乏している。しかし、これこそが、徹底して国家意志を退けた後に残る、最大の論点なのである。

文献

（１）市野川容孝：命についてのレクチャー．（https://reiwa-shinsengumi.com/activity/5191）
（２）岡田靖雄：強制不妊手術と民主主義．日本障害者協議会編：ＪＤブックレット４、二〇一九所収（初出は「すべての人の社会」vol.38-1）
（３）佐野誠：ナチス「安楽死」計画への道程．浜松医科大学紀要一般教育12、1-34、一九九八
（４）新里宏二：旧優生保護法――今、被害回復を求めて．精神医療93：6-14、二〇一九
（５）高岡健：いかにして抹殺の〈思想〉は引き寄せられたか．ヘウレーカ、二〇一九
（６）朝日俊弘：優生保護法から母体保護法への改正の経緯．精神医療93：36-42、二〇一九

＊1　Ｄ・ウィニコットによる概念で、出産直前と産後数週間、母子は「原初の母性的没頭」と呼ばれる特別な状態になる。このような状態にいられたときにのみ、赤ん坊は、存続し続けることを十分に享受しうるのである。つまり、母親の無条件の愛なくしては、幼児のニードに応じることは出来ないということを意味するのであるが、ＮＩＰＴやＰＧＤという条件下で生まれる子どもと母親とのあいだで、原初の母性的没頭が成立するかどうかについての議論は、管見の限りではなされていない。

（7）Medical Tribune 二〇二二年九月一五日号
（8）森岡正博：生命学に何ができるか．勁草書房、二〇〇一
（9）利光惠子：受精卵診断と出生前診断．生活書院、二〇一二
（10）鈴木由利子：水子供養にみる胎児観の変遷．国立歴史民俗博物館研究報告205：157–209、二〇一七
（11）松原洋子：優生学．現代思想2000年2月臨時増刊号：196–199、二〇〇〇
（12）ユルゲン・ハーバーマス（三島憲一訳）：人間の将来とバイオエシックス．法政大学出版局、二〇〇四

コラム4　書評『〈反延命〉主義の時代——安楽死・透析中止・トリアージ』

小松美彦・市野川容孝・堀江宗正編著（現代書館）

▼二〇一六年の相模原殺傷事件が内包する諸問題の範囲は広く、生命倫理の領域に限っても、脳死臓器移植から新型出生前診断までを覆う。かつて私が〈抹殺の思想〉と呼んだ、それらの諸問題を、〈反延命〉主義という視角から論じたのが本書である。
▼編著者の小松美彦によると、かつて肯定的に用いられていた延命という言葉は、今世紀とりわけ二〇一〇年前後から否定的な意味合いを加速させているという。その結果、〈反延命〉主義は、本書の出発点だった公立福生病院透析中止事件から、安楽死と自殺幇助、そしてCOVID-19流行下でのトリアージにまで及ぶようになった。
▼小松は、あらゆる変革のためには根底的な批判が不可欠だとするフーコーの言説を引用しつつ、次のように述べる。《生命倫理学のパーソン論にあって、嬰児殺しや安楽死などを正当化する「生物学的生命／人格的生命」の二元論。近年の臨床死生学で、「死なせる医療」の推進論拠となっている「生物学的生命／物語られるいのち」の二分法。ひいては、相模原障害者殺傷事件の植松聖

の殺害論理。これらは、現実には不可分な〈いのち〉と〈生き方〉を二分し、後者〔障害者としての〈生き方〉・引用者註〕の〝劣性〟を理由に前者〔障害者の〈いのち〉・引用者註〕を断つことで共通している。》脳死移植法の制定論議に際して省みられることの乏しかった問題点が、今も増殖を繰り返している。ほんとうに死すべきは二元論のほうなのに。

▼本書の中で、児玉真美は、安楽死は「医療によって殺してもらう権利」なのかと問いつつ、次のように述べる。《〔オランダで・引用者註〕意思決定能力の有無に関して慎重なアセスメントを要する知的障害者に、すでに安楽死が行われている事実も大きな懸念だ。オランダの地域審査会の報告を精査した英国の医師らから、「意思決定能力審査は十分に厳格であるとは見えなかった」「相当注意基準〔安楽死を合法的に実施するため医師に遵守が求められる六つの基準〕は知的障害および／または自閉症スペクトラム障害のある患者には簡単に適用できるものではなく、適切なセーフガードとして機能しているとは見えない」などの問題が指摘されている。》相模原殺傷事件の思想が、加害者であるU氏個人の考えや日本の特殊な状況のみから説明できるものではないことがわかる。それは、グローバル資本主義国家を貫く、障害者排除の思想なのである。

▼美馬達哉は、新型コロナ状況下での医療をめぐり、次のように述べる。《重要なのは、こうした医療資源が絶対的に希少となる状況は生命倫理学者の好む思考実験としては啓発的だが、現実には例外的にしかあり得ない状況であるところだ。ＩＣＵ〔集中治療室・引用者註〕は敵軍のなかに

取り残された小隊と比較されるべきなのか。〔略〕ＩＣＵ病床を増やすというマクロ資源配分こそ必要なのではないか。》何ごとにおいても、ひとたび軍事のアナロジーが適用されると、平時の思考は消しとんでしまう。もちろん、医療も例外ではない。

▼市野川容孝の次の指摘は重要である。《イタリア、ポルトガル、スペインに共通しているのは、積極的安楽死や医師による自殺幇助に賛成するのは、伝統的な価値観に異を唱え、個人主義と多様な価値観を擁護する革新的でリベラルな勢力であり、保守派のほうが死ぬ権利に批判的であるということだ。》《しかし〔略〕排外主義に反対し、フェミニズムを擁護し、人工妊娠中絶をリプロダクティブ・ライツとして認め、同性婚や性的マイノリティの権利擁護に賛成するなら、積極的安楽死等にも自動的に賛成しなければならないはずだ、と考えてはならないということだ。》この点は、以前から私も危惧していたところだ。これらに大麻解禁が加わると、相模原事件の加害者と変わるところがない。

▼なお、本書には、雨宮処凛・市野川・木村英子による鼎談も収録されている。鼎談では、相模原殺傷事件の加害者が死刑に処されることに、三人ともが反対している。雨宮は、「判決が死刑というのは、結局『障害者がいらないと言って殺した、そのお前こそいらない』ということになりますよね。」と述べ、れいわ新選組の木村は、「植松さんの優生思想は、さまざまな人が持っているると思うんです。それを追及せずに、死刑によって終わらせてしまうということに、私は当事者

として不安を抱いています。」と語っている。それらを受けて市野川は、フーコーが生権力の「生きさせる」という部分に対する抵抗として、死ぬ権利を求め擁護したことを批判している。〈反延命〉主義は、生命の単なる廃棄ではなく、自己廃棄という形で広がっていることが、フーコーには見えていなかったというのである。

▼根底的な批判を信条とすべきというフーコーの言説の引用から始まった本書は、フーコーの生権力論の後半部分に対する根底的批判をもって終えることになった。

第Ⅲ部　自殺・他殺・テロル論

第7章　中学・高校生の自殺

#中学・高校生の自殺者数の推移

一九九八年問題といわれた日本の自殺者数は、団塊の世代（一九四七〜四九年生まれを中心とする世代）が自殺好発年齢（六〇歳代）を通過し終わると、予想どおり年間三万人台から二万人台へと減少に転じた。しかし、中学・高校生ではそうではなく、少子化に反して、二〇一六年あたりからはむしろ上昇へ向かっているという現実がある。増加はとりわけ高校生に相当する年齢で目立つ。なぜなのか。

かつて何でも地球温暖化のせいにしていたニュースプレゼンターがいたが、昨今は何でも新型コロナ状況のせいだと言えば済ませられるらしい。そのためか、一〇歳代の自殺の理由を、新型コロナによる休校措置に求める言説があとをたたない。子どもたちは学校に行きたいのに家庭内へ留めおかれて、親子ともにストレスが溜まった結果だと、まことしやかに語られる現象が一部でみられたのだ。

だが、二〇二〇年（令和二年）二月末から五月末までの一斉休校の時期には、中学生でも高校生でも自殺者数は前年（二〇一九年＝令和元年）と比べて同じか、むしろ少なく、休校明けの六月と、夏休み明け（例年なら九月一日だが、新型コロナ後は八月下旬に前倒し）直後の八月・九月にピークがみられた。その後、二〇二一年（令和三年）に出された二回目から四回目の緊急事態宣言では一斉休校は求められず、分散登校やオンライン授業が部分的に取り入れられたが、各宣言期間中の自殺者数は、一斉休校を伴う一回目の宣言期間中（二〇二〇年四〜五月）と比べて、増加を示していた（表1）。

つまり、ステイホームは却って自殺の抑止につながり、登校再開は、新型コロナ流行以前の夏休み明けもそうであったように、自殺者数を増加させているということだ。だとすると、**中学・高校生の自殺を防ぐ方策としては、さしあたっては学校へ行かない権利（不登校の権利）を確立し保証すること**が不可欠ということになるはずだ。

もちろん、中学・高校生を中心にした自殺の危険因子・保護因

表1　中学・高校生の月別自殺者数
（文科省「児童生徒の自殺対策について」2021より著者作成）

令和	月	1	2	3	4	5	6	7	8	9	10	11	12
1	中学	13	8	10	9	7	5	7	12	15	5	10	11
	高校	26	31	24	21	31	21	17	22	31	23	16	16
2	中学	13	14	10	7	6	17	9	18	16	10	10	16
	高校	22	18	24	17	23	27	29	46	37	30	44	22
3	中学	10	14	15	9	10	12	12	17	13	13	17	7
	高校	33	23	23	27	40	29	29	19	23	16	30	21

単位：人

子について分析し、介入が可能な因子（誘因、心理社会的因子、精神疾患、家族・学校・地域施設とのつながり）に関して治療的介入を行うことは、臨床精神科医としては当然であろう。また、学校であれば、どこまで有効かはともかくとして、ストレスマネジメントに関する教育を行おうとするかもしれない。

もっとも、文科省は、令和三年一二月一日付の通知で、「一八歳以下の自殺は長期休校明けに増加する」との正しい認識を示しながら、例によって「学校における早期発見」「家庭における見守り」「教育委員会によるネットパトロール」などの、お題目を繰り返しているだけだ。また、児童生徒の自殺予防に関する調査研究協力者会議は、「コロナ禍における児童生徒の自殺者数は増加傾向」といった雑駁な認識のもとに、「ＳＯＳの出し方」「早期発見のためのＩＣＴの活用」といった、行わなくても同じか、せいぜい行わないよりは多少ましかもしれない程度の施策を唱えている。

しかし、不思議なことに、学校における子どもの息苦しさに関する対応は、どこにも記されていない。文科省も研究者会議も、彼らのまなざしの先には、管理される対象としての子どもがいるだけだ。

新型コロナ状況は、オンライン授業の普及をもたらす効果があった。これを利用しない手はない。「ＳＯＳ」や「早期発見」のためにＩＣＴを用いるだけではなく、理由のいかんに関わらず、無条件にオンライン授業を選択できるという一項を明示するだけで、長期休暇明けの自殺は、かなりの程度、抑止できるのではないだろうか（もちろん、その時に留意されるべきはオンライン上のいじめ問題だが、その点については後述する）。

#いじめと自殺

ところで、自殺を防ぐための喫緊の課題は、いじめの防止とその解決であることを、忘れてはならない。いじめは、学校における息苦しさの極北であり、矛盾の凝集でもあるからだ。加えて、いじめの直接・間接の加害者が児童生徒であるとは限らない点も重要だ。教師が少なからずいじめに加担していることは、一九八六年の中野富士見中学いじめ自殺事件＝葬式ごっこ事件以来、よく知られている。

ここで、二〇一九年に起こった、岐阜市いじめ自殺事件をとりあげて考えてみることにする。各紙の報道するところによれば、同年七月三日、岐阜市内の中学三年男子A君が、自宅近くのマンションから転落死した。A君は、他の生徒から、トイレで土下座させられたり金品を要求されたりしていたことが知られていた。

A君が自殺する前に、ある女子生徒が「**私も戦います。先生、力を貸してください。**」という手紙を書いて教師に手渡した。けれども、教師は手紙をシュレッダーにかけて廃棄した。

A君の死亡後、教育長は「学校は命をかけてまで行くところではない」と語った。さらに、学校はホームページを閉鎖し、教師と保護者の一部は「マスメディアと接触するな」と生徒を指導した。しかし、一人の男子生徒は、報道各社に「**DM（SNSのダイレクトメッセージ）で情報を提供する**」と宣言した――。

「学校は命をかけてまで行くところではない」という教育長の言葉は、それ自体は正しい。だが、A君の死亡直後にそれを言うことは、A君の自殺は軽率だったと非難することに等しい。教育長は、A君が亡くなるよりも前の、学年のはじめや学期のはじめに、各学校の校長に指示して、全生徒の前で「学校は命をかけてまで来るところではありません」と、予め訓示させるべきであった。

それでも、このような中学校にも希望はある。少なくとも、「私も戦います」と手紙を書いた生徒がいて、報道各社に「DMで情報を提供する」と宣言した生徒がいるからだ。

重要なので、ここで附記しておくが、ストップいじめ！ナビ副代表の須永祐慈は、周囲の子どもが果たすことのできる役割として、「通報者」（四～五人で大人に通報する）、「シェルター」（LINEなどでつながる）、「スイッチャー」（無視とかつまんないから別のことをしようと言う）、「記録」（メモ・写メで何があったかを残す）を挙げている（「不登校新聞」五九二号）。この中学には、少なくとも一人の通報者と少なくとも一人の記録者がいたのだ。

私は、この事件を知ったとき、いじめ自殺後に必ずといっていいほど設置される教育委員会主導の調査委員会に代えて、「私も戦います」と手紙を書いた生徒と「ＤＭで情報を提供する」と宣言した生徒が主導する、調査委員会を作ってはどうかと考え、メディアからの取材にもそう答えてきた。もちろん、その手足として、首長直属の有能な行政マンや、子どもの人権に詳しい弁護士を配置する。そうすれば、お手盛りの調査ではない、本質的な調査と提案ができるに違いないからだ。

一般には教育委員会が設置した調査委員会を指して、第三者委員会と称することが少なくない。しかし、教育委員会は一方の当事者であり、第三者性を欠いている。したがって、真に第三者性を担保しようと考えるなら、首長直属の機関であるしかない。

ところが、委員会が最初から首長直属にならないのは、学校設立主体が何なのかによって、設置の仕方が法律で定められているからだ。すなわち、国立学校の場合は国立大学法人が調査組織になり、それでうまくいかなかった場合の再調査は文部科学大臣が行う。公立学校の場合は、まず地方公共団体の教育委員会が調査をして、それがうまくいかなかったら首長が調査をし、議会へ報告する。私立学校の場合は、はじめに私立学校自体が調査をして、それがうまくいかなかった場合には、都道府県知事が調査を行う。そのように定められているので、一方の当事者にすぎない教育委員会が調査をするという無駄なプロセスが生じるのだ。

ちなみに、日本児童青年精神医学会は、第三者委員会への委員の推薦依頼があった場合の応諾条件を具体的に定め、学会ウェブサイトで公表している。それはQ&A形式で書かれていて、全てのQに対してイエスと答えられた場合にのみ、推薦できるという仕組みになっている。

具体的に紹介すると、Q1は「設置主体は首長もしくはそれに準ずる機関であるか」で、これは、教育委員会が設置する委員会には参加しませんという意味だ。Q2は「事務局は学校関係者以外で、かつ教育関係者以外の行政職員によって構成され、委員長からの指示に迅速かつ十分に対応しうる人員が準備されているか」。これは、第三者委員会の中に置く事務局は行政マン、それも有能な、教職とは関係のない行政マンをメンバーにしてくれという意味だ。

Q3は「事務局の役割が、委員やQ4の調査員の役割と区別されており、業務内容に調査対象文書類の収集や調査対象者とのアポイントメント、記録の作成等を含むか」。Q4は「聞き取り調査を行う調査員が、子どもに対する面接の訓練を受けた専門家（心理士やソーシャルワーカー、弁護士等であって、教員でない者）の中から、任命されているか」。この二つについて説明すると、実際に子どもや保護者に会って調査を行う人が調査員だ。その調査員が集めたデータをもとに、調査委員が審議する。このように調査員と調査委員とを区別したうえで、調査員のほうは聴き取りを行うのだから、面接のトレーニングを受けた人たち、具体的には心理士ないし弁護士でないといけない。そして、日程調整や場所の設定については、事務局の優秀な行政マンが担当する。面接記録も、面接に同行した行政マンが全部ボイスレコーダーにとって、その日のうちに完全に起こす。

これ以降は省略するが、Q12まであるので、できれば日本児童青年精神医学会のウェブサイトを参照いただきたい。なお、以上は、あくまで学会からの推薦基準ではあるものの、学会とは別ルートで依頼がなされた場合でも参照していただいた上で、これらを全部クリアしていない場合は、委員を引き受けるべきではないと思う。これらをすべてクリアしていないような委員会は、百害あって一利なしだからだ。

さて、いくぶん脇道に逸れたが、この岐阜市いじめ自殺事件から二年後に、私たちは、門眞一郎と村瀬学に依頼し、いじめへの対応についてオンラインで講演をしてもらったことがある。

門（「発達障害といじめ」）は、菊池省三の「ほめ言葉のシャワー」を用いながら、メリハリの「メリ」ではなく「ハリ」に注目し、それを言葉にする方法を語ってくれた。[*1]

また、村瀬（「教育に『広場』を」）は、子ども自身が「公共の人」「法の人」になる中でしか、いじめは解決できないという考えに基づいて、「広場」の創設を中心とする方法を提案してくれた。[*2]

＊1　菊池省三は元小学校教師、『個の確立した集団を育てるほめ言葉のシャワー決定版』『菊池省三365日の学級経営　8つの菊池メソッドでつくる最高の教室』など著書多数。なお、「メリとハリ」は門が頻用する言葉で、とりわけ自閉スペクトラム症を有する子どもなどに対しては、周囲が考える標準から外れた点に着目して「メリ」と評価しがちであるが、別の視点から見るとそれが「ハリ」としてとらえられることを指す。

＊2　村瀬は、「法的な意識」を持ち始める年齢の生徒たちが、「自分たちの正しさ」を基準にして「違法者」を見つけ、独自の「裁き」と「制裁」を実施する過程が、いじめだと定義している。なお、いじめに関する村瀬の考え方については、『いじめの解決　教室に広場を』および『いじめ』に詳しく記されている。

具体的には、文科省作成のアンケートを配付し説明する。そして、第一に、このアンケートに書かれているようなこと（悪口を言うとかぶつかるとか）を私たちはしません、とまず合意する。第二に、トラブルが起こったら公開の場へ持ち出して議論する。当事者だけ集めて謝りなさいではなく、全員の集会で議論する。第三に、公にされたことでの仕返しを許さない。第四に、仕返しがわかれば緊急クラス会を開く。第五に、緊急クラス会でも改善が見られないのなら、親に来てもらい現状を話す。第六に、家族と先生と学校が話をしても違法性の改善が見られないのなら、警察に訴える。以上の六項目だ。

詳細は講演録（「発達精神医学研究所紀要」七号：メディカルオンラインと契約している機関であれば全文を読むことができる）を参照いただきたいが、まったくの私見を述べるなら、門の方法は、どちらかというと一〇歳未満の年齢の子どもに有効な方法のように感じる。それに対し、村瀬の方法は、一〇歳以上の年齢の子どもに適した方法ではないだろうか。

#いじめ自殺からの脱出

ところで、いじめ防止対策推進法によると、いじめの定義は、「児童等に対して、当該児童等が在籍する学校に在籍している等当該児童と一定の人間関係にある他の児童生徒等が行う心理的又は物理的な影響を与える行為（インターネットを通じて行われるものを含む）であって、当該行為の対象となった児童等が心身の苦痛を感じているものをいう。」とされている。一文が長々しく、かつ「等」が乱発されている点は法的言語だから仕方ないにしても、これでは何も言っていないに等しい。

私は、以前から繰り返し、いじめとは集団の中の多数が一人を生贄にして、その集団を維持しようとする現象であって、次のような三つの条件が揃えば、どのような集団にもいじめは発生すると指摘してきた。三つの条件とは、**第一**に集団が閉じられていること、**第二**に集団の価値観が社会の価値観と懸け離れていること、**第三**に集団の勢いが下降線をたどっていることである。残念なことに、現在の日本で、以上の三条件を最も備えやすいのが学校であることは論を俟たないだろう。

このような構造は、リアルの学校状況のみで生じるのではなく、オンラインの世界でも成立しうる。否、オンラインの世界の方が、むしろ成立しやすいとさえ、いいうるかもしれない。

オンライン上のいじめはネットいじめなどと呼ばれ、文科省の調査では年間二万件にも達するといわれている。もちろん、この件数には、学校で一人につき一台が配られたタブレット端末によるものが含まれている。インターネット・リテラシーの教育は当然なされねばならないが、それでもいじめは生じ得るという前提での対応が必要であることは、夙《つと》に指摘されているとおりだ。

具体的には、単に端末を配るだけではなく、不適切なワードやファイルを検出し、警告しうるシステムを搭載しておく必要がある。また、いじめは必ず生じるのであるから、被害にあったときの対応方法（たとえばスクリーンショットを証拠として保存し、明示された相談先を複数、用意しておくこと）の練習が繰り返し行われる必要がある。

話が細かな点に入り込み過ぎたかもしれないが、リアルであれバーチャルであれ、集団が閉じられていればいるほど、いじめもいじめ自殺も必ず生じるのである。だから、正直に言って、日本の学校の現状では、いじめをゼロにして命を守る教育は、ほとんど不可能だと私は思っている。

それよりも、部活動を地域移行させているように、学校教育全体の半分を地域移行させた方がいい。閉じられた世界を開くことこそが、命を守る第一歩だからだ。地域移行が必要なのは、精神病院の長期被収容者ばかりではない。

第8章　校内殺人と道徳教育

#佐世保市同級生殺害事件

二〇〇四年六月一日、佐世保市立大久保小学校で、六年生の女子児童B子が、同級生の女児A子を刃物で殺害した。経緯を、『11歳の衝動』（朝日新聞西部本社）に基づき、以下に記してみる。

報道されているところによると、B子は県警に「A子さんのホームページに、自分のことを『ぶりっこ』『いい子ぶっている』などと書き込まれた。やめてほしいとホームページ上で伝えたが、同じようなことを再び書かれ、この世からいなくなれと思った」と話した。B子が殺意を抱く少し前、A子はホームページの内容が、おそらくB子と思われる人の手で勝手に書き換えられたり、キャラクターの人形が消されたりするイタズラをされていることに気づき、「ドーセアノ人がやっているんだろう」「ミンナもこういう荒らしについて意見チョーダイ」と抗議した。

ホームページ以外にも、B子は、A子を含む数人と、交換ノートを続けていた。事件前の連休明けに、B子は「私の表現をパクるなよ」と、交換ノートに苛立ちをぶつけていた。その頃から、「生意気よ」「むかつく」といった、B子への悪口が広がっていった。

そもそもA子は、大久保小学校への転校生だった（四年生時）。五年生時に、A子とB子は交換ノートをはじめた。ちなみに、当時の五年生のクラスは《教室でお菓子を食べたり、廊下で暴れたり、授業中騒いだりするなど、生活面で指導を要する児童が多く、落ち着いた状態ではなかった。》（「佐世保市立大久保小学校児童殺傷事件にかかる調査報告（二次報告）」）

この殺害事件に関する裁判所の決定は、B子を児童自立支援施設に送致するというものであり、向こう二年間、強制的措置をとることができると記されていた。処遇の決定に関する説明には、オリジナリティやルールへの強いこだわりから表現の無断使用などを注意してくるB子に対し、A子が息苦しさや反発を覚え、反論や否定的感情を直接的に表現する文章を交換ノートやホームページに記載したところ、B子にとってはそれが居場所への侵入ととらえられた旨が記されていた。

長崎県教育委員会による「佐世保市立大久保小学校児童殺傷事件にかかる調査報告（最終）」には、「まとめ」として、《当該校において、今回の事件を防止することは難しかったのではないか》《従って、当該校に、本事件の要因に直接関わる過失や、職務違反に該当すると思われる事実があったとは認めがたい》と記されている――。

こうしてみると、大久保小学校事件の本質が、なによりも居場所をめぐる問題にあることがわかる。学校の中での居場所を奪われたB子は、居場所を奪った（と信じ込んだ）A子を殺害した。おそらく、B子には、退却しうる場所としての家庭がなかった（と感じられていた）のであろう。その限りにおいて、学校教育ができることは何もなかった（と学校としては思いたい）。県教委による最終報告は、驚くほど率直にそのことを認めている。

しかし、学校ができることがまったくなかったわけでは、もちろんない。五年生時の学級が「大変」で「担任は、指導を要する数名の児童〔略〕への対応に多くのエネルギーを費やし、他の児童に十分関われない状況」（長崎県教委一次報告）にあり、その中で担任は転校生のA子にすべてを任せようとしたことが知られているのだ。せめて担任を変えてA子の責務をなくすと同時に、B子への適切な助言を新担任が行うようにしたなら、事件は回避できた可能性がある。

同級生殺害事件から一八年

同級生殺害事件からかなりの年月が経っても、佐世保市の学校関係者は、事件について子どもたちにどう話すべきか、まったくわかっていない。以下に引用する「毎日」（二〇二二年六月二日）の記事は、そのことを如実に示している。なお、記事中の「御手洗怜美《さとみ》さん」とは、前項で記したA子のことだ。

《長崎県佐世保市の小学校で二〇〇四年六月に小学六年の女児が同級生に殺害された事件から一八年となった一日、現場となった市立大久保小学校（蒲川《かもがわ》法子校長、一一五人）で「いのちを見つめる集会」があった。》《蒲川校長は講話で、自身が小学六年生の時、高校三年生の兄が病死して初めて命に限りがあることを知ったと振り返りながら「命がなくなるとはその人の時間が止まってしまうこと。人々のために時間が使える人になれるよう努力しよう」と呼びかけた。講話では、御手洗怜美《さとみ》さん（当時十二歳）が一八年前に亡くなったことは伝えながらも事件には触れず、事件の三年後に病気で亡くなった同小の別の女児と併せて「きょうは二人にお祈りする日です」とした。講話の後、全校児童で黙とうし、学年別に事前収録した「誰とでも仲良く協力します」「笑顔いっぱいの楽しいクラスにします」などの決意の言葉を披露した。》

何も言っていないのに等しい講話だ。というよりも、言わないほうがまだましだ。やはり何を言っていいのかわからないままなのだろう。

振り返るなら、事件直後の長崎県教委による報告書には、大久保小学校では《四年生時と五年生時で担任の評価の方法や教え方に違いがあり、学級全体としても四年時より五年時の方が厳しい評価となっていた》と記されていた。ここまではいい。しかし、《このことは、解離状態を病理的状況へと進行させる要因として重要》《適切な生命尊重の授業が行われるよう〔略〕道徳教育の一層の推進を図る》という箇所を読むと、呆れるほかなかったことを、私はよく覚えている。第一に、《解離状態》は事件の前ではなく事件後に生じているのだし、第二に、《解離状態》を道徳教育で解決できるはずもないからである。

前項でも少し触れたように、殺害事件へと至る道筋の一端には、学級崩壊の状況に際し、担任がA子に全てを任せようとしていたこと、およびA子とB子を含むグループの中でB子が排除されかかっていたことという二つの事情があった。つまり、B子個人の病理や道徳に還元してしまっては視えなくなる状況があった。それらの状況に、目を瞑ったままだったから、今でも何を言っていいのかわからないのだ。

一八年が経過した現在だからこそ、言いうることがあるのではないか。現在の校長は、訓辞を行いたいのなら、**集団の中から排除し排除されることによって起こる加害や被害は、疾病による死と同一視できない**ということを、噛みくだいて語るべきであった。

加害女児の詩

のちに加害者となるB子は、同級生殺害事件よりも前に、「不揃いな棒」と題する詩を作っていた。次のような詩だ。

《不揃いな棒が延々と平行に並んでいた
すべての棒の長さ、色、太さは違う。
不思議に思った。
そして棒の長さ、色、太さが同じ棒を探してみた。
でも、同じなんてなかった
もっと根気よく探してみた。
ず――――っと探した。
疲れた。それでも探した。

でも全てが同じ、同じ棒は見つからなかった。
すべての、果てしなく続く棒の列の中にも
とうとう1組も見つからなかった。
ずっと歩いて探したした「ママ」けれど、見つからなかった。
すべてが不揃い。
人も黒人もいたら白人も居る。

背が高い人もいたら低い人も居る。
太っている人もいたら痩せている人も居る。

差別はいらない。

すべて不揃いなのは
必然的なことで。

みんな違って、みんな良い。
それが個性なのだから。
＊＊＊＊＊＊＊＊＊＊
まんま私の思ったことで。
まぁ、世界中カオが全部同じなら…
①号②号③号………

ほらほら、個性だ個性だ。ね？（汗）

感想、暇なら下さい。
悪口以外。

え？　贅沢するなって？

ぁ、ごめんがばちょ（強制終了）》

やや冗談めかして終えているが、明らかに金子みすゞの影響下に書かれた詩だ。B子が念頭に置いているであろう、みすゞの有名な「私と小鳥と鈴と」を、ここで引用しておく。

《私が両手をひろげても、
お空はちっとも飛べないが、
飛べる小鳥は私のように、
地面《じべた》を速くは走れない。
私がからだをゆすっても、

きれいな音は出ないけど、
あの鳴る鈴は私のように、たくさんな唄は知らないよ。

鈴と、小鳥と、それから私、
みんなちがって、みんないい。》

みすゞのこの童謡詩は、多様性を称揚する道徳教育で、しばしば用いられているらしい。だが、それを命の大切さの教育に結びつけたいのなら、彼女の自殺に触れないわけにはいかないだろう。

松本侑子の伝記小説（『みすゞと雅輔』）に記されている内容がほぼ事実だとすれば、みすゞは、西條八十の雑誌に童謡を投稿する少女として出発した。しかし、ライバルに水をあけられ、また第二次世界大戦が進行する中で、雑誌そのものの存続が難しくなっていった。「赤い鳥」「金の星」「童話」などの雑誌は消え去り、掲載する八十までが童謡作家から作詞家へと転身した。八十作詞のレコード「守れよ満州」では、少女歌手が「忠義な兵士の、お墓の満州」と唄っていた。

加えて、不本意な結婚により夫から淋病をうつされ、みすゞの身体は次第に衰弱していった。書き溜めた詩篇を三冊の手帳に清書し、一組を八十に、もう一組を編集者で文章も書いていた弟の雅輔に預けたが、出版はかなわなかった。その中の一つが、「私と小鳥と鈴と」だった。

この童謡詩が、どのような時期に着想されたのかは寡聞にして知らないが、手帳へ清書している晩年（といっても二〇歳代）の状況に鑑みるなら、そのときのみすゞの心情は、出版の目途すらつかない諦念に伴う寂しさに、ごくわずかな希望を伴った誇りが混淆した状態にあったと考えざるをえない。「地面」を這いずる私だが、「唄」はたくさんつくったという矜持――私ならそう読む。百歩譲っても、多様性を称揚するような啓発の詩でないことだけは確かだ。

この作品を含む五一二作もの童謡を遺して、みすゞは死へ赴いた。だから、人生の寂しさがわからない教員が、寂しさがわかるようになる年齢以前の児童に対して、この童謡詩を安易に教育に用いない方がいい。

それにしても、B子はなぜ《ほらほら、個性だ個性だ。ね？（汗）》と追記したのだろうか。単なる照れ隠しなのか。続いて《感想、暇なら下さい。》と書いているから、不揃いが良いというのが掛け値なしの本音で、やはり一種の照れ隠しで《ほらほら…》と附記しただけなのかもしれない。ただ一つだけ確かなのは、そのあとの《悪口以外。》という箇所に、その時点でのB子の切実な思いが込められているということだ。

それほどまでにB子は追い詰められていた。**このような状況は、学校空間が外部へ開かれる中でしか、ほんとうは解決しえない。**少なくとも、B子の個人的特性に還元してお終いにするわけにはいかない。

コラム5　保健体育の教科書

▼二〇二二年四月から使われている高校保健体育の教科書で、精神疾患に関する記述が四〇年ぶりに復活したことが、話題になっている（共同通信社ニュースサイト・二〇二二年四月六日）。学習指導要領の見直しによるもので、たとえば自殺に関しては、「若年層の死亡率が増加している理由として自殺者が増えていることがある。背景にはうつ病などの精神疾患がある。」といったあたりが見直しの理由だとされている（スポーツ庁政策課学校体育室・上記ニュースサイトより）。

▼「自殺の背景にはうつ病をはじめとする精神疾患が存在することもあることを理解し、できるだけ早期に専門家に援助を求めることが有効であることにも触れるようにする」というのである。しかし、こういう発想が、まったくの的外れとまでは言わないものの、正鵠を外していることに疑問の余地はない。なぜなら、成人の自殺についていえば、うつ病対策に力を入れた自治体と、それほど力を入れていない自治体とのあいだで、自殺率に明瞭な違いが見いだされないうちに、団塊の世代が自殺好発年齢の六〇歳代をとおりすぎるにつれて、自殺者数は急速に低下へと向かったからだ。

▼ところが、何でもうつ病のせいにしてきた反省もないうちに、今度は成人と違って減少へ向か

う兆しのない青少年層に関して、またもやうつ病原因説を持ち出した。もちろん、どんな人でも、自殺の直前に限れば抑うつを呈しているだろう。しかし、そのことがただちにうつ病に罹患していることを意味するわけではない。それよりも、集団からの同調圧力の結果として抑うつを呈していると考えない限り、説明がつかない場合の方が多い。

▼とはいえ、四〇年以上前のように、優生思想で塗り固められた精神病の記述ばかりだった頃と比べれば、メンタルヘルスに重点をおきつつ統合失調症や摂食障害について説明した新しい教科書のほうが、まだましだという見方も成り立つかもしれない。しかし、これほど「ブーム」になっているのに、自閉スペクトラム症などの発達障害圏についての記載がないのは何故なのか。発達障害圏について正しく説明すると、二〇二二年九月に国連障害者権利委員会によって批判されたように、日本は分離教育を止めて包括教育（インクルーシブ教育）へ移行しなければならなくなることを恐れていたからではないか――こういう見方も、あながち穿ちすぎとはいえないであろう。

▼ついでだから、『現代高等保健体育』（大修館書店）という教科書に含まれている、その他の部分についても言及しておく。

▼「大気汚染と健康」という箇所には、「近年では、地球温暖化とほぼ同じ意味で気候変動という言葉が用いられており、世界的に見ても猛暑や豪雨、さらには干ばつなどが各地で起こりやすくなっています。」という記載がある。しかし、オバマ政権におけるエネルギー省科学担当次官だ

った物理学者が、公式の評価報告書のみを用いて解析した結果（スティーブン・E・クーニン『気候変動の真実』）によれば、もともと気候は自然変動が大きく、気候システムを流れるエネルギーのうち人間の影響は現在一％に過ぎない。また、ハリケーンについても事はそれほど単純ではなく、大西洋数十年規模変動（AMO）の長期的な変動によって海面温度が影響を受け、ハリケーン活動が強化または抑制される。さらに、一九〇五年以降のホノルルの海面上昇は年平均一・五ミリである——こういった指摘があることには全く触れられていない。

▼高橋源一郎が指摘するように（第3章参照）、教科書は国家の声を生徒に刷り込むところに本質があるのだから、このような記述になってしまうのも、ゆえなきことではない。ただし、公正を期して記しておくなら、同じ大修館の教科書の中の「パラリンピックの課題」と題された箇所には、「パラリンピックには聴覚障害者が参加しておらず、また、種目限定的に知的障害者が参加していることはあまり知られていません。」という記載があり、「障害者スポーツ＝パラリンピックという偏ったイメージが先行してしまうこと」についての警鐘が鳴らされていて、好感が持てた。

▼以上が、第3章で引用した高橋源一郎の「なによりもまず、読者の皆さんに、ただ教科書というものを読む、という経験をしてもらいたい」という言葉に触発されて、おっとり刀で一冊だけだが実際に教科書を取り寄せて眺めてみた結果である。ただし、私は高校時代に保健体育はもちろん、他の科目を含めて、教科書というものをほとんど読んだ経験がない。（田舎の進学校では、周

囲を見回しても、劣等生から優等生まで、何の科目であれ教科書を使って勉強をしている生徒は、おそらく皆無だったと思う。）だから、正しい読み方ができているかどうかについては、まったく確信がない。

第9章　少年の死刑事件
――いわゆる連続射殺魔事件と石巻事件について

#はじめに

石川義博[1]による「連続射殺魔」少年事件の鑑定書（永山則夫鑑定書）は、後述する情状鑑定の原点であり金字塔であった。鑑定開始当初、永山はきわめて協力的で細部まで詳しく話そうとしたが、途中からは「自由に語らせてくれない」と言ってしだいに不機嫌になり、爆発的に興奮したという。永山が「石川鑑定書は裁判所に代表される権力側を有利にし、自分を陥れるものだ」と断じ「石川鑑定書の自分についての描写は、自分でない別の人の記録のような感じがする」と述べるに至って、石川は精神鑑定を断念したと述べている[2]。

石川が鑑定を断念して以降、日本における精神鑑定は責任能力の有無に偏重し、しかも近年はその責任能力鑑定さえもが、ＤＳＭなどの操作的診断基準へのあてはめと、七つの着眼点[*1]および八ステップモデル[*2]の導入に並行して、内容の貧困化を招来している。それは少年事件においても例外ではない。

しかし、永山の死刑執行後に、彼自身によりセロハンテープで補修された鑑定書が見つかった(3)。補修された鑑定書を見せられた石川は、「ここにも、ああ、線が引いてあるわ…このことは僕、全然、知らなかったですよ…」と語ったという。

#永山則夫事件（1）

『ある遺言のゆくえ　死刑囚永山則夫がのこしたもの』（永山こども基金編）に収載された年表「永山則夫の歩いた道」より、一部を抜粋してみる。〈〉内は、永山自身による言葉である。

一九四九年六月、北海道網走市呼人番外地で出生。姉兄妹八人の第七子。

一九五三年頃一二月、ストーブで頬に火傷。則夫の世話をしていた長姉、精神を病み入院。父、長兄は家に寄りつかなかった。

一九五四年一二月、母親が出奔。次姉と妹、姪の三人を連れて青森県板柳に帰る。一四歳の三姉、一二歳の次兄、九歳の三兄と則夫の四人が残された。

一九五五年五月、四人の子どもの飢餓状態を見かねた近隣の住民が福祉事務所に連絡。母親の許に送られた。

一九五七年秋頃、初めて家出。主な原因は次兄の暴力。以降、小学校を卒業するまでの間に約二〇回の家出。目的地は網走。入院中の長姉に会うために。

一九六〇年、長姉の症状が改善。家事一切と則夫への親身の世話と教育、愛情で、苦手な算数も成績向上。

一九六一年〈近所の息子が姉さんを妊娠させて、堕した後また弘前の精神病院に入院した。そういうこともあって、ほとんど家事全部、俺がやらなくちゃならなくなった。〉

一九六二年一二月、父が岐阜で路上死。

＊1　a.動機の了解可能性／了解不能性　b.犯行の計画性、突発性、偶発性、衝動性　c.行為の意味・性質、反道徳性、違法性の認識　d.精神障害による免責可能性の認識の有／無と犯行の関係　e.元来ないし平素の人格に対する犯行の異質性、親和性　f.犯行の一貫性・合目的性／非一貫性・非合目的性　g.犯行後の自己防御・危険回避的行動の有／無（このような機械的考察は責任能力ありとの結論に誘導されやすいとの批判が少なくない。）

＊2　①精神機能や精神症状に関する情報の収集　②精神機能や精神症状（健常部分を含む）の認定　③疾病診断　④精神の機能、症状、病態、病理（健常部分を含む）と事件の関連性　⑤善悪の判断や行動の制御への焦点化　⑥法的な弁識・制御能力としての特定　⑦弁識・制御能力の程度の評価　⑧法的な結論（⑥以降は法律の専門領域であるから精神科医が言及しても参考意見に過ぎないとされる。また、⑤も法律の解釈の仕方が影響する。精神医学の専門領域といえるのは④であり、それが専門的意見の核になるとされている。）

一九六四年六月頃、母、則夫らに告げず北海道に出稼ぎ、一か月。子ども三人の生活。
一九六五年三月、卒業。上京用の服（セーター）を盗み、見つかる。下旬、東京渋谷のフルーツパーラーに就職。寮に住み込み。九月、同僚と口論、寮を出る。停泊中の船に乗り込み、香港から送還される。
一九六六年一月、守口の米店の住み込み店員に。戸籍謄本を求められる。〈取り寄せたら、生まれたのは網走番外地になっていた。オレは刑務所で生まれたか、と本当にそう思った。〉八月下旬、横須賀米軍基地に侵入、盗みで捕まる。横須賀警察署に留置中、デモで逮捕されていた東大生と同室。励まされて高校に行くと約束。〈その東大生は、夜間高校も行ける、戸籍も変えられると言ってくれた。それで生きる希望を持った。〉
一九六七年四月、明治大学付属中野高校（定時制）入学。六月一二日、保護観察官と面接。過労と保護観察への不信を訴える。〈当時読んだ本は『若きウェルテルの悩み』『罪と罰』『カラマーゾフの兄弟』など。乞食の母に産ませた私生児スメルジャコフが自分に似ていた。〉
一九六八年一月、密航しようとフランスの貨物船に進入《ママ》。少年鑑別所へ。四月、中野高校へ再入学。五月、新しい担当保護司と面接。「店には絶対来てくれるな」と頼むも、留守中に二回訪問。北海道へ自殺行。入水できず。横浜桜木町で沖仲仕。入水自殺未遂――。
こうしてたどってくると、永山がいかに劣悪な環境で育ってきたかが、誰の目にも明らかになる。

経済的貧困もさることながら、母子間そして兄弟間の**関係の貧困**は、今日の言葉では〔当時の言葉でも〕、疑いなく虐待に相当するといえよう。

#永山則夫事件（2）

続けて、前記年表より、事件に直接関連する部分を拾い出してみる。

一九六八年一〇月八日頃、横須賀米軍基地に侵入（三回目）。ドイツ製二二口径拳銃と実弾五〇発を盗む。一一日、東京芝のホテルの庭に侵入、逃げようとして発射。被害者は警察官のような制服を着たガードマン〔引用者註・東京プリンスホテル事件〕。

一四日、八坂神社境内へ。賽銭泥棒を警戒中の警備員にとがめられ、交番に連行されそうになり発射〔引用者註・京都事件〕。

二四日、函館行き列車に。車内で社会科事典にメモ書き。〈「私は生きる。せめて二〇歳のその日まで」小事典の余白に記〉

二六日、ヘトヘトに疲れて函館着。タクシーに乗り「七飯」に停車させ、発射。目に入った売上金、ポケットの所持金を盗んだ〔引用者註・函館事件〕。

一一月五日、タクシーに声をかけられ乗車。名古屋港の路上につき「あれ、おかしい」と言われ振り向かれて、発射〔引用者註・名古屋事件〕。

一八日、静岡市内の高校、専門学校、会社の事務所に侵入。現金や預金通帳を盗み、会計事務所に放火〔引用者註・静岡事件＝不起訴〕。

一九六九年一月七日、新宿のモダンジャズ喫茶〔引用者註・ビレッジヴァンガード〕に働く〔実名〕。

四月七日午前一時頃、千駄ヶ谷の英語学校に侵入。威嚇しながら逃げた〔引用者註・原宿事件〕。明治公園で装塡、頭に当てて撃ったが、三発とも不発。自殺失敗。

同日早朝、現行犯逮捕――。


各事件は、発砲の時点に限れば、かなり**偶発的**な事情を契機にしているようだ。そればかりではない。**自殺したいという気持ちと、生きたいという気持ち**とのあいだで、揺れ動いていることもわかる。

#石川鑑定

それでは、永山則夫が最期の日まで、セロハンテープで補修しながら保存していた石川鑑定書とは、具体的にはどのようなものであったのか。試みに、前項で記した静岡事件に先駆するあたりの記載を読んでみよう。

《則夫には警察が包囲作戦をしているとしか思われず、緊迫した気持ちが強まり、従来のようにT映画館や公園で野宿できなくなった。このような時、偶然俳優の内田良平に出会った。彼が映画で悪役をしていることは知っていた。彼は港の埠頭へ撮影のために来ていたのであった。内田良平は対等に真面目に答えてくれたり、則夫が「これから沖仲仕の仕事へ行く。」と言うと「頑張れ。」と言って励ましてくれた。こういった内田良平に対し、映画の悪役のイメージとは違って人間的な親しみを覚え、当時の則夫には心打つものがあった。一日だけの出会いであったが印象深いこととして記憶されている。》

石川鑑定が、いかに丁寧に永山則夫の心情を掬い上げているかが、よくわかる記述だ。**関係の貧困**に苛まれていた永山にとって、たった一回だけであっても、対等に真面目に答えてくれて励まされた経験は、何物にも代えがたかったのであろう。

こういう記述は、責任能力のみに偏重した精神鑑定や、七つの着眼点・八ステップといった機械的な鑑定書では、まずお目にかかれない。一見、事件の核心とは遠いようなエピソードを見逃さないことによってはじめて、精神鑑定は事件の本質へと迫ることができるのである。

石川鑑定の結論部分についても触れておこう。鑑定主文は五点にわたって記されているが、そのうちの一つは次のようなものであった。

《本件行為時被告人（＝永山・引用者註）の精神状態に影響を与えた決定的因子は、出生以来の劣悪な生育環境と母や姉との生別等に起因する深刻な外傷的情動体験であり、これに遺伝的、身体的に規定された生物学的条件、思春期の危機的心性、沖仲仕や放浪時に顕著な慢性の栄養障害や睡眠障害や疲労等のストレス及び孤立状況、二〇歳未満の無知で成熟していない判断力等の諸要因が交錯し増強しあった結果である。》

まだＰＴＳＤ（心的外傷後ストレス症）という言葉が人口に膾炙していなかった時代に「深刻な外傷的情動体験」を指摘していることが目を惹く。石川鑑定書以外で、こういった視点が堅持されているものは、裁判資料に限れば、遠藤誠弁護人の問いに答える形での第一六〜一八回公判の法定調書（『法廷調書　永山則夫』月曜社）があるだけだ。

この項の最後に、裁判から死刑執行までの経過を、同じく前記年表に基いて略述しておく。

一九七九年七月一〇日、東京地裁が「非人間的所業」「改悛の情なし」として死刑判決。

一九八一年八月二一日、控訴審にて「同情すべき情状」「福祉政策の貧困にも一因」として原判決を破棄し無期懲役の判決〔引用者註・いわゆる船田判決〕。

一九八三年七月八日、最高裁は東京高裁へ差し戻すとの判決。

一九八七年三月一八日、差戻控訴審、「刑は重過ぎぬ」として一審死刑判決を維持すると判決。

一九九〇年四月一七日、最高裁が上告棄却。五月八日、死刑確定。

一九九七年八月一日、死刑執行。

死刑執行は、神戸市連続殺傷事件（酒鬼薔薇事件）の少年が逮捕されてから約一カ月後であった。そのため、永山の死刑執行は、少年犯への厳罰と死刑を求める世論づくりに利用された（「不登校新聞」二八九号掲載の大谷恭子弁護士へのインタビュー）ともいわれている。

情状鑑定

では、本章の冒頭に記した**情状鑑定**とは、どのようなものであろうか。

少しだけ込みいった説明になるが、情状とは、訴因事実（すなわち犯罪が成立するかどうかに関わる事実）以外の、犯罪に関わる事情のことである[4]。情状事実のうち、犯行の動機や態様、計画性や意図の強さなど犯罪自体の重大性評価に関わる情状を犯情、被告人の年齢、社会的地位、更生に資する環境など犯罪自体の評価に関わらない事情を一般情状と呼ぶ。客観的な事情のみではなく、犯行時にどの程度本人に主体的な意思決定の余地が残されていたのかという主観的な事情も犯情に属している。犯情と一般情状のどちらに分類されるかは一義的には決まらない。

さて、「鑑定は裁判所が裁判上必要な実験則等に関する知識経験の不足を補給する目的で」（最高裁小法廷判決・昭和二八年二月一九日）行われるものである。そのうち、情状鑑定とは、訴因事実以外の情状を対象とし、裁判所が刑の量定、すなわち被告人に対する処遇方法を決定するために必要な智識の提供を目的とする鑑定である。(5)

類似の概念に**犯罪心理鑑定**がある。これは心理学的立場から動機と犯意の形成過程に焦点を当てて犯罪の真相に迫ることを目的とし、とくに犯情に作用するが、性格、家庭その他の生育環境および犯行前の生活状況から見た精神状況、人格の成熟度、再生可能性等が付加されることが多い。(6)これに対し、情状鑑定は、通常はもう少し広義に、情状全般の鑑定の意味に用いられる。生育環境の問題性／生育環境が人格に与えた影響／本件犯行の経緯／量刑および処遇上とくに留意すべき事項について鑑定を行うが、犯行の経緯を動機形成過程にまで広げる工夫も求められる。

とりわけ死刑事件においては、犯罪心理鑑定ないし情状鑑定は必須といわれる。また、殺人などの重大事件の一方で、比較的軽微であっても同種犯罪を繰り返しているような場合には、情状鑑定が必須との指摘もある。

なお、多田(7)によると、情状鑑定は被告人を人間として理解することを意図するものである。量刑にあたって被告人を一個の人格として尊重し、境遇や生活状況の中での被告人を理解しようとすることは、峻厳な刑事裁判を多少なりとも血の通ったものにし、更生への自覚を促すうえにおいても、裁判所の感銘力を高めるであろうというのである。このことは、成人の場合でも少年の場合でも同様である。

それゆえに、情状鑑定の鑑定事項には、（1）犯行時の心理・精神状態のほか、（2）知能、（3）性格・人格・行動傾向、（4）犯行の原因・動機・経緯に関する心理学的・社会学的解明、（5）生活史・生活（家族）環境・経済状態・家族歴、（6）社会適応性・再犯の危険性・処遇上参考となる事項が含まれることになる。

石巻事件

ここで、裁判員裁判において初めて、少年に対し死刑が言いわたされた、いわゆる石巻事件をとりあげることにする。事件の概要は、以下のとおりである。

二〇一〇年二月、当時一八歳七か月であった少年Aが、内妻に対し暴力を振るい、内妻は実家へ戻った。Aは内妻を連れ戻そうと試みたものの、内妻の姉に阻まれた。翌日、Aは再び内妻の実家へ共犯少年とともに赴いたが、内妻の姉が警察に連絡したことなどを契機として、内妻の姉および居合わせた友人女性の二人を包丁で殺害し、同じく居合わせた友人男性一人に重傷を負わせた。

この事件では家庭裁判所でも地方裁判所（裁判員裁判）でも精神鑑定は実施されないまま、死刑判決が下された。

加えて、驚くべきことに、一審の裁判員の中には記者会見で「一四、一五歳であろうと、人の命を奪うような重い罪には大人と同じ刑で判断すべきだと思う」と、法を無視した独断を公言する者さえ現れる始末であった。地裁の職業裁判官が一般人の裁判員に対し、法の趣旨について十分に説明していなかったか、説明が通じていなかったかの、いずれかであろう。いずれであったとしても、このような裁判員によって死刑が言いわたされたのだから、暗黒裁判とでも呼ぶしかないのが地裁判決の実態だった。

その後、高等裁判所の段階で初めて、弁護団から私（高岡）に情状鑑定が依頼された。以下に、私が作成した鑑定意見書の内容の一部を、弁護団の校閲を経て公表した論文[8]から抜粋する。

第一に、中学時代までにAは、身体的虐待・心理的虐待を含む被虐待体験にさらされていた。その結果、さまざまな症状を有していたが、その一つに覚醒亢進症状があった。これは、わずかな刺激に対して過剰な脅威を感じることが特徴である。

第二に、Aの振るう暴力には二つの系列があった。一つ目は、めまいや吐き気などの自律神経症状を伴わず、コントロールが可能で、記憶欠損を残さない系列の暴力である。二つ目は、「めまいと吐き気がして倒れそうになる」「しびれ」「息苦しさ」といった自律神経症状が先行し、コントロール不能で、「途中ではっとする」までの記憶が欠損している系列の暴力である（後者は、覚醒亢進症状ゆえに感じる恐怖から身を守るため反射的に暴力を振るうものであり、記憶欠損は専門用語では解離ないし情動行為と呼ばれる）。

第三に、更生可能性に関しては、被虐待体験を持つ者の自助グループへの参加や、ドメスティックバイオレンス（DV）の加害者へのソーシャルワーク的カウンセリングを組み合わせた司法福祉的かかわりが、役立つであろう。

しかし、高裁は「被虐待歴を伴う生育環境であったとの見方は妥当とは言い難く」と述べ、根拠も示さないままAの被虐待歴を否定した。また、自律神経症状が先行し記憶欠損を残す系列の暴力がAに見られたことについては、言及を避けた。こうして、高裁は一審判決を支持しAを死刑とした。

Aは上告したが、最高裁はわずか三八行の判決により、それを棄却した。その背景には、「第一号事件の重み」があるのではないかとの指摘[9]がある。すなわち、本件は犯行時少年であった者に対し裁判員裁判で死刑判決が下された第一号事件であるがゆえに、上級審がそれを破棄するなら裁判員制度そのものに疑問を投げかけることになり、裁判員制度廃止運動に拍車がかかることを危惧したのではないかというのである。

石巻事件の判決をめぐっては多くの批判がある。たとえば、山崎[10]は、上告審判決後の論文において、適切な量刑判断のためには、①精神的成熟度や生育歴が及ぼした影響をふまえた動機、計画性、態様（手段方法の執拗性・残虐性）などの犯情および②更生可能性の正確な理解が不可欠であるが、それらが情状鑑定・犯罪心理鑑定に基づいて慎重に評価されたとは言い難く、死刑の科刑には疑問が残るとしている。

まとめにかえて

永山則夫事件は、実行犯の本名を冠して呼ばれる最後の少年事件であった。永山は、「物質的と精神的な幸福がそろうと、それこそ最高にしあわせという事である筈だ。——あゝ、それにしても私は精神的困窮に耐えられなかった」（『無知の涙』）と記している。また、彼は、「貧困から無知が誕まれる。そして人間関係というものも破壊される——私の家庭が典型的な例証になる」とも記している。つまり、永山は、**経済的貧困**と**関係の貧困**を区別し、両者は「無知」を介して関連するものの、人間にとってより重大な影響を及ぼすものは関係の貧困のほうだと、述べているのである。

永山事件当時は、被虐待歴による影響について社会的に広く認識されていたとはいえず、ただ石川鑑定だけが、その本質を見抜いていた。一方、永山事件から半世紀余が経過したときに惹起された石巻事件の頃には、被虐待歴がもたらす影響に関しての社会的認識は広まっていたにもかかわらず、ただ裁判所だけが頑にそれを認めようとしなかった。その背景には、犯罪少年をスケープゴートにすることにより社会の安定化をはかろうとする動きと、それを裁判員裁判によって補強しようとする動きがあった。

少年事件をめぐり、いわゆる厳罰化を推進したい人たちにとっては、事件の外形的な残虐さだけが裁判で明らかになればいいのであり、情状鑑定による心理‐社会面の理解などが深まっては困るのであろう。心理‐社会的理解が深まれば深まるほど、少年と一般市民とのあいだの境界はなくなっていき、スケープゴートにすることができなくなるからである。その意味では、あらゆる社会的事象を自己責任化する動きに、司法もまた加担しているといえよう。

文献

（1）石川義博：「連続射殺魔」少年事件．福島章（編著）：現代の精神鑑定、9―118、金子書房、一九九九
（2）石川義博：少年非行の矯正と治療．金剛出版、二〇〇七
（3）堀川惠子：永山則夫　封印された鑑定記録．岩波書店、二〇一三

（4）本庄武：情状鑑定とは何か．須藤昭、岡本吉生、村尾泰弘他（編著）：刑事裁判における人間行動科学の寄与．20−35、日本評論社、二〇一八
（5）兼頭吉市：刑の量定と鑑定——情状鑑定の法理．上野正吉、兼頭吉市、庭山英雄（編著）：刑事鑑定の理論と実務．114−128、成文堂、一九七七
（6）北潟谷仁：刑事司法と精神鑑定．現代人文社、二〇一八
（7）多田元：情状鑑定論——裁判官の立場から．上野正吉、兼頭吉市、庭山英雄（編著）：刑事鑑定の理論と実務．305−315、成文堂、一九七七
（8）高岡健：石巻事件．精神医療85：96−102、二〇一七
（9）小幡佳緒里：犯行時18歳の少年に対する38行の判決．季刊刑事弁護91：137−142、二〇一七
（10）山﨑俊恵：少年・若年者に対する死刑．季刊刑事弁護91：147−151、二〇一七

第10章　安倍元首相銃撃殺害事件

#安倍殺害

二〇二二年七月八日、遊説中の安倍晋三元首相が、山上徹也（以下、Y氏という）によって銃撃され、死亡した。武器は、手製の銃だった。

大手メディアは、その日から口を揃えて「民主主義を否定する暴挙」「言論の自由を破壊する凶悪なテロ行為」などと非難した。同様に、自民党は言わずもがな、野党各党も「テロ行為を非難したい」（立憲）、「卑劣なテロによる言論の封殺」（日共）、「最大限の怒りと悲しみ」（国民）などと唱和した。

だが、古典的政治テロであるなら、政権与党や報道各社に、決起声明の一つも送られているはずだ。また、古典的でない場合でも、SNSに犯行声明などが投稿されているだろう。しかし、商業新聞各紙・テレビ各局・各政党は、Y氏の行動がどのような意味においてテロルといいうるのかを検証しないまま、安倍＝民主主義、Y氏＝テロリストという、根拠なきラベリングを繰り返すばかりだった。

ほどなく、東京新聞ほか各紙の報道する範囲に限っても、少しずつ事件の背景がわかってきた。

Y氏は、一九八〇年九月に、京都大学出身の父と公立大学を卒業した母とのあいだに生まれた。兄と妹を含む五人家族だった。母の実家は建設会社で、経済的には恵まれていた。しかし、一九八四年一二月に、父が自殺した。

一九九六年、Y氏は進学校として知られる県立高校へ入学し、応援団に所属した。この頃から、母は世界平和統一家庭連合（いわゆる旧統一教会：以下「統一教会」と記す）へ多額の献金をはじめた（亡父の保険金や、祖父から相続した土地・家屋の売却益などから、献金額は計一億円にものぼったという）。一家の生活は困窮し、Y氏は大学進学を諦め、二〇〇二年八月に海上自衛隊へ入隊した。そして、二〇〇五年一月頃に自殺を図った。兄と妹に保険金を渡そうと考えたのだという。なお、このとき、母は統一教会の行事のために渡韓しており、連絡がとれなかった。

Y氏は、海自を退官し、派遣会社やアルバイトを転々とした。二〇一四～一五年頃、小児がんを患い右目を失明していた兄が自殺した。

二〇一九年、統一教会の韓鶴子《ハンハクチャ》総裁が来日した際、Y氏は火炎瓶で襲おうと考え、愛知県で開かれた集会の会場まで赴いたが、中へ入ることができず断念した。

二〇二〇年一〇月から、Y氏は京都府内の工場に勤務した。同僚らとの深い付き合いはなく、仕事の手順をめぐり同僚らと、たびたび口論になった。しかし、暴力沙汰はなかったという。二〇二二年三月からは無断欠勤がつづき、五月に退職した。約六〇万円の負債があった。

二〇二二年七月七日未明、Y氏は手製の銃を試射した。同日夜、その手製銃を持って岡山市へ出かけ安倍元首相を襲撃しようとしたが、近づくことができなかった。翌八日、近鉄大和西大寺駅前で、Y氏は安倍元首相を射殺した。

Y氏は、捜査関係者に対し、「母親が宗教団体〔統一教会・引用者註〕に入信し、家庭が崩壊した」、「〔この宗教団体を日本に・引用者註〕招き入れたのが岸信介元首相」、「団体と安倍氏がつながっていると思ったから狙った」と説明している。

このように見てくると、Y氏の家庭が、ある時点から**経済的貧困**とともに**関係の貧困**に陥っていることがわかる。

#統一教会

当初、「統一教会」という名前を出すことにさえ二の足を踏んでいたマスメディア〔大手紙とテレビ局〕は、いつものように週刊誌等に引っ張られる形で、統一教会に関しての批判的報道を徐々に拡大しはじめた。

私などにとっては、統一教会は原理研究会や国際勝共連合（以下「勝共連合」）といった名称とセットになって記憶されているが、その点に関し、以下に「東京新聞」（二〇二二年七月一四日）に基づいて、おおよそのところを整理しておこう（なお、この記事では、「世界平和統一家庭連合（旧統一教会）」と記されているが、以下の引用では煩雑さを避けて、これまでどおり単に「統一教会」と記すことにしたい）。

統一教会は、教祖の故・文鮮明が一九五四年に韓国で創設した団体で、一九五九年には日本の統一教会ができた。宗教学者の島薗進は、「ある時期までは、異端のキリスト教という枠内にあったと思うが、一九七〇〜八〇年代にかけ非キリスト教化し、同時期に霊感商法に傾いていった」と分析している。また、新興宗教の中では比較的若い人の入信が多く、高学歴の者も少なくない。現代文明への失望感や、離婚が増え始め家族的な道徳基盤を求める人の流れもあっただろうという。

一九八〇年代には、高額の壺や宝石を訪問販売する「霊感商法」や巨額の献金が社会問題になり、歌手の桜田淳子が合同結婚式に参加したことも話題になった。二〇〇九年、霊感商法に対し、警視庁が強制捜査を実施。統一教会側は、二〇〇九年以降は献金をめぐるトラブルはないとしているが、霊感商法被害者救済担当弁護士連絡会は、今も一人一二〇万円を献金せよとの大号令が出ていると話す。また、全国霊感商法対策弁護士連絡会（全国弁連）の記者会見に出席した、母親が信者という女性は、自分も一時信者となり、合同結婚式に参加して教団の指示で夫になった男性から暴力を受け続けたと語っている。

なお、統一教会系の企業が、二〇〇〇年に米国の通信社UPIを買収したこともニュースになった。この企業は、保守系日刊紙ワシントン・タイムズも所有している。

#自民党

続けて上記記事を見ていこう。

統一教会の実質的な政治部門として機能してきたのが勝共連合だとされる。勝共連合は、一九六八年、文鮮明により韓国と日本で設立された。初代名誉会長に迎えられたのは笹川良一だった。岸信介を名誉実行委員長とする集会も開かれた。塚田穂高（宗教社会学・上越教育大）によると、勝共連合は設立当時から岸や福田赳夫といった理念的に近い保守政治家と結びつき、今は改憲や家族観、反ジェンダーフリーなどで考えが合致する政治家との距離が近いという。

（なお、二〇二二年七月二二日「毎日」夕刊によると、文鮮明を追慕するミュージカル「誰よりも日本を愛した人」には、文が岸と東京都東村山市の狭山公園で対面するシーンがあり、「日本を共産主義から守っていただきありがとうございます」と語る岸に、文は笑顔で「すべてお任せください」と応じているという。ちなみに、文鮮明死去の際と、一周忌、そして死去三周年の式典には、北朝鮮の金正恩から弔電が送られたという。北朝鮮が、反共を旗印とする統一教会と結びついた背景にはソ連崩壊への危機感があり、統一教会側には南北統一のイニシアチブを握る思惑があったと、同紙記事は推測している。）

さて、安倍元首相と統一教会との関係については、二〇二一年九月、統一教会の友好団体「天宙平和連合（ＵＰＦ）」の大規模集会に、安倍がビデオメッセージを寄せたことが知られている。安倍は、「ＵＰＦが家庭の価値を強調する点を高く評価します」「偏った価値観を社会革命運動として展開する動きを警戒しましょう」と、家族観への共鳴を明示した。

なお、安倍の弟である岸信夫防衛相（当時）は、教団所属の人物から選挙で支援を受けたことを認め、選挙での電話作戦などはあったと思うと認めている（二〇二二年七月三〇日「東京」）。

その後、自民党は、「自己点検」の結果として、一二一人にものぼる国会議員が統一教会との関係を有していたと二〇二二年九月八日に公表、三〇日には四人を追加公表した。ただし、この中には、死去している安倍や、党籍を離脱している細田衆議院議長は含まれていない（細田は、統一教会関連の会合に四回出席したと記したＡ４の紙一枚を公表、後に国際勝共連合五〇周年大会等でも挨拶したと追加した）。

これらの延長上に、ネパールや東京での統一教会のイベントに出席するなど、統一教会との関係が深い山際経済再生担当大臣が、同年一〇月二四日に辞任した。

#右翼

日本最大の右派改憲団体である日本会議も、統一教会と蜜月関係を築いていた。国会でジェンダーフリーバッシングの急先鋒だった、自民党の山谷えり子は、統一教会の関連新聞「世界日報」に再三登場する一方、日本会議系団体が推奨する性教育批判の論文を、事務所のニューズレターで紹介していたという（「東京」二〇二二年八月一八日）。

（山谷と言えば、七生養護学校における性教育を右派が執拗に攻撃していた際、自民党内で安倍らとともに、ジェンダーフリー教育に反対するプロジェクトチームを組んでいたことが思い出される。）

「世界日報」の副島元編集長と井上元幹部が文芸春秋に執筆した内部告発は、統一教会には文鮮明を前に主要国の元首たちがひざまずく儀式があり、天皇の役を日本の統一教会会長が担っていると暴露した。記事が出る直前、副島元編集長は何者かに刃物で襲われ、重体に陥ったという。また、統一教会の教典では、朝鮮半島における日本帝国主義による虐殺と殺戮が説かれているが、日本会議系の右派文化人らは、この教典に関し口を閉ざしている（「東京」同右）。

自民党右派や日本会議などの親米右翼やブルジョア右翼（赤尾敏による言葉）ばかりではない。私などが知りうる範囲に限っても、口を閉ざしているのは、（少数の民族派右翼ないし新右翼団体を例外として）日頃は勇ましい口吻の嫌韓右翼やネット右翼も同じだ。

#国葬

前々項に記したとおり、二〇二二年九月、自民党は「自己点検」の結果、一二一人の議員が統一教会と関係していたと公表した。その約三週間後、さらに四人が追加されたが、これらの数字に安倍や細田衆議院議長は含まれていない。このことも、すでに記したとおりだ。

加えて、統一教会の友好団体が、国政選挙に際し、自民党議員とのあいだで一種の政策協定ともいうべき「推薦確認書」を交わしていたことも明らかになった。具体的な政策としては、憲法改正と安全保障体制の強化、家庭教育支援法および青少年健全育成支援法の制定、ＬＧＢＴ問題と同性婚合法化の慎重な扱い、日韓トンネルの実現を推進、国内外の共産主義勢力と文化共産主義勢力（フェミニズムやジェンダーフリーの起源をエンゲルスに求め批判する統一教会独自の概念）の攻勢を阻止などで、ほかに「基本理念セミナー」への参加も求めていたという（「朝日」二〇二二年一〇月二〇日）。

日韓トンネルに代表される経済利権─憲法や安保をめぐる親米政治思想─家庭教育や同性婚に関しての保守的家族思想が、地続きのごとく並列されていることがわかる。これらのうち、保守的家族思想は、安倍が目指しながら今のところは実現に至っていない家庭教育支援法案や、すでにいくつかの自治体で成立している家庭教育支援条例と重なる（というよりも、統一教会の主張に、右派政治家がとびついたのだから、重なるのは当然だ）。

かつて、大阪では維新が同様の条例案を提出したが、条例案中には、発達障害は間違った家庭教育によって発症し、正しい家庭教育によって治癒するかのごとき条文が含まれていた。そのためもあって、日本児童青年精神医学会を含む広範な反対運動が生じ、その結果、条例案は白紙撤回へと追い込まれた。このとき維新が用いていた「親学」という言葉は、安倍を会長とする「親学推進議員連盟」と歩調を共にするものだった。しかし、私がさまざまな場所で繰り返し指摘してきたように、親学が強調する、力強い父親と優しい母親の下ですくすくと育った子どもという伝統的家族像は、世界中のどの歴史の中にも存在しなかった神話でしかない。

さて、先に記した「自己点検」と前後して、安倍の国葬が行われた。国葬後の世論調査では、国葬を「実施するべきではなかった」が六〇％で最も多く、「実施してよかった」は一八％、「問題はあったが、実施しないよりはよかった」は一七％にとどまった。「実施してよかった」は若い世代ほど多く、一八～四九歳では二割を超えたが、七〇歳以上では一割以下だった。「実施するべきではなかった」は、三〇歳代以下では五割を下回ったが、四〇歳代以上では五割を超え、六〇歳代以上では約七割だったという（「毎日」二〇二二年一〇月二三日）。

国葬の直後、鈴木エイトの『自民党の統一教会汚染　追跡３０００日』が出版された。この本によると、自民党を中心に、維新、立憲、国民を含む、驚くほど多数の国会議員が、統一教会と関係を結んでいる。その点を明らかにしたこと一つをとってもわかるように、一朝一夕には達成できない、執念の取材に基づくというべき著書で、敬服に値する。この本の中で鈴木は、統一教会との関係が発覚した現職国会議員のリストを、照会があったメディアへ提供したと記しているから、事件後しばらくして次々と報道されるようになった統一教会と国会議員との癒着は、鈴木によるリストが発端になっているのだろう。

鈴木の著書には、次のような事実も記されている。第四次安倍内閣での親・統一教会系閣僚は一二人で、副大臣・政務官・自民党役員を含めると二二人になること。環境大臣のポストは統一教会枠のような扱いになっていて、副大臣にまでそれは及んでいること。安倍政権の国家公安委員会委員長には、山谷えり子や小此木八郎ら統一教会と親しい政治家が任命されてきたが、菅政権でも小此木が再登用されたこと。岸田政権でも、山際大志を筆頭に、統一教会への貢献度が高い議員の登用が継続されていること。二〇二二年六月二三日に、衆議院議員会館で「日本・世界平和議員連合懇談会」の総会が開かれ、自民党の宮島喜文が司会、同じく奥野信亮が挨拶していること。

さらに過去に遡れば、一九七四年に文鮮明が帝国ホテルで開いた「希望の日」晩さん会では岸信介が名誉実行委員長をつとめ、安倍晋太郎や福田赳夫ら四〇人の自民党議員が出席していたこと。ブッシュ（父）元アメリカ大統領は、統一教会の関連団体である世界平和女性連合が一九九五年に東京ドームで開いた大会でスピーチを行うなど親密であったこと。ビル・クリントンも、大統領時代に文鮮明に祝賀品を贈呈していたこと。

まだある。「くまもと家庭教育支援条例」をはじめとする各自治体の条例に統一教会が関与していること。その動向は、「親学」の提唱者である高橋史朗との交流などを通じて、家庭教育支援法の制定工作にも及んでいること。その先には、自民党の改憲案で提示された憲法二四条（「婚姻は、両性の合意のみに基いて成立し、夫婦が同等の権利を有することを基本として、相互の協力により、維持されなければならない。」）の改正方針があり、それは統一教会の教義とリンクしていること。勝共連合が制定を企図した「スパイ防止法」は廃案になったものの、それと同種の特定秘密保護法が法令化されたこと。

これだけ揃うと、統一教会と自民党を中心とする保守系政治家との関係は、もはや選挙支援にとどまるものではなく、政策の根幹部分において一心同体だとさえいってよい。

「ダブルスタンダード」

それにしても不可解なのは、第二次世界大戦における日本のアジア侵略に対して贖罪を求める統一教会に、なぜ保守系の政治家が結びついたのか、である。嫌韓を煽ることさえいとわない姿勢の一方で、アジアへの侵略に対する謝罪を要求する統一教会へ接近する――まさに鈴木エイトの言う「ダブルスタンダード」にほかならない。

鈴木の著書によれば、韓鶴子は、「人間的に考えれば許すことのできない民族」である日本人は「自分を顧みずすべてを惜しみなく与え」続けねばならないと教えている。（なお、統一教会は「国家復帰」という言葉を用いているが、これは教祖の主権により国家を動かすというほどの意味らしく、その対象として日本を含む七か国の最高指導者を屈服させる必要があるのだという。そのため、安倍は打ち負かし屈服させ教育する対象として位置づけられている。この点はアメリカに対しても大同小異で、文鮮明は一九八〇年代に脱税により逮捕されダンバリー刑務所に収監されて以来、アメリカに対し怨み骨髄だという。）

また、統一教会系の世界平和青年学生連合（ＹＳＰ）が安倍政権批判をする一方で、同じく統一教会系の勝共ユナイトは安倍政権支持を掲げて活動しているというダブルスタンダードもある。（一例として、日本から渡韓した一一五〇人の大学生二世信者が、韓国の二世信者一五〇人と合流し、少女像が設置された旧日本大使館前で、強制徴用と慰安婦問題への謝罪を要求する会見を開いたという。）

このようなダブルスタンダードが、なぜありうるのかという疑問について、鈴木の著書は、一定の範囲に限っては回答を与えている。日韓両国は、一九九〇年代以前には反共の同志であったからだというのである。

では、現在においてはどうなのか。私見では、**統一教会と安倍ら保守政治家をつなぐ主要なイデオロギーは、国家観というよりも、仮構の伝統的家族観**にほかならない。このイデオロギーは、本来は私的であるはずの家族を宗教的共同性や政治的共同性が支配しうるという、意図的な錯誤に満ちている。統一教会の合同結婚式は言わずもがな、保守政治家による「親学」を援用した「家庭教育」への固執や、先に触れた憲法二四条の改正方針は、その証左である。

たとえば、統一教会系の団体が主催した「神統一韓国のための THINKTANK 二〇二一希望前進大会」に、トランプとともにビデオメッセージを寄せた安倍は、「朝鮮半島の平和的統一に向けて努力されてきた韓鶴子総裁」に敬意を表するとともに、「家庭の価値を強調する点」を高く評価し、「家庭は社会の自然かつ基礎的集団単位としての普遍的価値」を持つものであるから、「偏った価値観を社会革命運動として展開する動きに警戒」する必要があると主張している。

Y氏の家庭は、このような錯誤に満ちた共同性思想によって浸食され、破壊されたのだった。**安倍のビデオメッセージを見たことから安倍の殺害へ至るY氏の軌跡は、かかる仮構の伝統的家族観イデオロギーによる家族領域への浸食と破壊に対しての、絶望的な反撃**そのものであった。

#Y氏のツイッターと手紙

二〇一九年一〇月一三日に、Y氏はツイッターのアカウントを開設し、それ以来、書き込みをつづけた。これらは、Y氏の決起声明に相当するものといえる。ただし、本稿執筆時点では既に書き込みを読むことができなくなっているため、マスメディアで報道されている範囲で、以下に内容をみていくことにしよう。

まず、安倍元首相に言及して、Y氏はこう記している。

――「アベも同じ極右民族主義者だから世界の敵ではないか」という御仁もおられるだろうが、統一教会と比較してはいけない。彼らは所有権を認めない。全世界の正当な所有者は自分だと思っている。さらにおぞましいのは、モノにも増して重視するのが全世界の「女性」に対する性的権利だという事だ。

――統一教会のおぞましさに比べれば多少の政治的逸脱など可愛いものだ。安倍政権に言いたい事もあろうが、統一教会と同視するのはさすがに非礼である。

――オレが憎むのは統一教会だけだ。結果として安倍政権に何があってもオレの知った事ではない。

――冷戦を利用してのし上がったのが統一教会なのを考えれば、新冷戦を演出し虚構の経済を東京五輪で飾ろうとした安部（ママ）は未だに大会を開いては虚構の勝利を宣言する統一教会を彷彿とさせる。

また、自らの境遇については、次のように記している。

――そうだな。オレも母子家庭だった。但し貧困ではない。むしろ裕福だった。婿養子ではないが跡継ぎとして母と結婚した父を自殺まで追い込んだ母方の祖父のおかげで。

――オレは事件を起こすべきだった。当時話題だったサカキバラのように。それしか救われる道はなかったのだとずっと思っている。

――正直に言うと震災の時すらそう思った。肉親を失い生活基盤を失い病むのは同じでもこれだけ報道され共有され多くを語らずとも理解され支援される可能性がある。何て恵まれているんだろう。そう思った。

そして、とりわけ、次のような母についての投稿が目立つ。

――常に母の心は兄にあった。

――オレは努力した。母の為に。

――何故に母は兄のためオレを生贄にしようとするか。

――オレは母を信じたかった。

経済的貧困に陥る以前から、Y氏の家庭には関係の貧困があった。関係の貧困の中で、Y氏は母を求め続けたが、それはかなわなかった。それどころか、Y氏の家庭は統一教会によって浸食され、Y氏は関係の貧困に加えて経済的貧困にも苦しむことになった。統一教会と安倍は必ずしも同じではないが、後者は前者を彷彿させる。ツイッターの内容は、以上の事実をよく物語っている。換言するなら、**ただでさえ危い〈わたし〉と〈あなた〉の領域に、突如として不可解な〈世界〉が侵入**してきたということだ。

なお、重要だと思うので、この項の最後に付記しておきたいが、前項までに引用してきた鈴木エイトは、Y氏のツイッターを見ると、鈴木が書いた統一教会と政治家との関係をリツイートしているようだと述べている。Y氏は、統一教会に対し安倍が寄せたビデオメッセージを見て、両者のつながりを知ったといわれているが、単にそれだけではなく、ある程度の連続性を持って、統一教会と安倍の関係性を見ていた形跡があるというのである。鈴木の述べる**統一教会と安倍とのあいだの連続性と関係性のうちの少なくとも一つは、私の言う仮構の伝統的家族観イデオロギー**にほかならない。

#テロル

ここで、Y氏の行動をテロルと呼びうるのか、呼びうるならいかなる意味においてかを、検討しておこう。

Y氏による安倍元首相襲撃の現場に統一教会信者が動員されていたことは、同協会の田中会長自身が認めているという。そこで改めて、Y氏の視点から事件へ至る過程を見るなら、**第一に、**宗教的共同性（統一教会）によって家族領域が侵食され、崩壊していくという構造がある。もう少し細かく言えば、自壊しつつあった家族共同体から母一人が析出され、巨額の金銭とともに、宗教的共同性へ吸引されていく過程があった。そして、**第二に、**統一教会の宗教的共同性に、自民党安倍派に代表される保守政治の共同性が連結される構造がある。もう少し細かく言えば、宗教的共同性のポリティカル・ウィングと、自民党を中心としつつ野党の一部をも含んだ親米右派勢力との共振ともいうべき過程があった。

そして、**両者を貫くものは、家庭と国家を地続きにして、その下に個々の人間を従わせるものが宗教であり政治であるとする、大いなる錯誤**にほかならない。先に触れた「推薦確認書」の内容を一瞥すれば明らかなように、統一教会と安倍ら親米右派を結ぶものは、国防・利権・反共といった経済右翼の領域にとどまらず、歴史上一度も存在したことのない日本型理想家族あるいは右派キリスト教型理想家族の見かけをとった保守的家族観の幻影なのである。このような錯誤の下では、個々の人間が登場する余地はなく、ただ貧しい国家観と貧しい家族観のもとに、ひれふすことのみが人々に対し求められることになる。

上記の構図の中で、あくまでひれふすことを拒否し反撃しようとするなら、どのような手段がありうるのか。宗教的共同性に対する反撃だけであれば、たとえば裁判などの合法的な手段も一応は考えられる。一方、政治的共同性に対する反撃だけであれば、効果は乏しいだろうが選挙における投票行動もありうるし、自らが政治的共同性から離れた無所属候補として落選覚悟で告発の主張をすることもできないわけではない。しかし、宗教的共同性と政治的共同性の双方に対して同時に反撃しようとしたとき、それは実際に可能なのか。別の問い方もできる。Y氏は、まず、宗教的共同性の象徴たる韓鶴子を火炎瓶で襲撃しようとした。次いで、政治的共同性の象徴たる安倍を手製銃で殺害した。これらを、テロルの未遂と既遂と呼ぶことは可能だろうか。

テロルとは何かについては一致した定義が存在しないが、さしあたり「相手の生命を奪うことにつながるほどの暴力により、政治的・宗教的目的を貫徹しようとする行動」と定義しても、大きな異論は生じないであろう。（なお、誤解はないと思うが、私たちがここでテロルという言葉について検討を加えているのは、政治的・宗教的たたかいのための行動という意味に限ってであり、そこにはいかなる称賛も非難も含まれていない。つまり、事件直後のマスメディアや与野党による非難の唱和とは一線を画しつつ、この言葉を検討しているつもりだ。）

たしかに、Y氏の重心は宗教的共同性に対する反撃のほうにあり、安倍に象徴される政治的共同性は付随的にのみとらえられているようにもみえる。たとえば、「統一教会のおぞましさに比べれば多少の政治的逸脱など可愛いものだ。安倍政権に言いたい事もあろうが、統一教会と同視するのはさすがに非礼である。」「オレが憎むのは統一教会だけだ。結果として安倍政権に何があってもオレの知った事ではない。」といった箇所を読むと、Y氏にとっての主要な敵はあくまで宗教的共同性＝統一教会であり、政治的共同性＝安倍は従たる敵に過ぎないように映る。

しかし、「冷戦を利用してのし上がったのが統一教会なのを考えれば、新冷戦を演出し虚構の経済を東京五輪で飾ろうとした安部（ママ）は未だに大会を開いては虚構の勝利を宣言する統一教会を彷彿とさせる」という箇所を読むなら、経済右翼（赤尾敏の言うブルジョア右翼）としての両者の共通点もまた、把握されていることがわかる。

さらに言うなら、Y氏は、統一教会が「モノにも増して全世界の『女性』に対する性的権利を重視する」ことを「おぞましい」と指摘しているが、自民党の女性議員が率先して女性蔑視発言を続けているところをみれば、この点でも両者は大同小異と考えて間違いないであろう。

こうしてみると、Y氏にとって統一教会と安倍を分つものは、前者が直接的に母を信者にしてY氏の家庭を破壊したという事実だけ（もちろんそれが大きな事実であることは論を俟たないが）であり、両者は政治経済思想的に（つまり宗教的共同幻想に連続する政治的共同幻想として）は、明らかに同根のものとしてとらえられているのである。

ここまで、「宗教的共同幻想」に連続するものとして「政治的共同幻想」を併記してきた。テロルという行動が常にそうであるように、Y氏は、ある特定の個人をテロルの対象にしているかにみえても、本質的には共同幻想を体現している人間を、暴力的行動の対象として選んでいるのである。Y氏にとって、宗教から政治へ連続する共同幻想を体現している人間とは、韓であり安倍であった。

もう一つ大事な点を急いで記しておく。テロルには、自死とセットになって実行されるという、本質的特徴がある。もちろん、テロルと自死は、物理的な時間として共時的に実行されるとは限らない。浅沼稲次郎殺害事件の山口少年のように逮捕後に縊死する場合もあれば、Y氏のようにテロルよりもはるか以前に自死を試みている場合もある。自死とセットになることにより、テロルの行為主体は実在の人間であることをやめ、幻想的主体へと転化するのである。

整理して述べるなら、**Y氏の行動は、宗教的共同幻想を体現する韓と、政治的共同幻想を体現する安倍を標的とし、自らの生命と引き換えになされたテロルにほかならない。だから、このときに、韓や安倍は、Y氏にとっては生身の人間ではなくなる。そして、Y氏自身も生身の人間ではなくなり、抽象的な行為者に変わる。別の言葉で言えば、個人を溶解させた共同性を相手にしている以上、共同性を象徴する人間の生命を奪おうとする（あるいは奪ってしまう）行為は、倫理的非難の対象にはなりえない。それは刑法の対象ではあっても、倫理や道徳とは位相を異にする**のである。

#ライシャワー事件

ここで、唐突に映るかもしれないが、精神医療の業界では今なお有名な「ライシャワー事件」を取りあげ、安倍元首相殺害事件との対比を試みてみたい。

一九六四年三月二四日、アメリカ駐日大使ライシャワーは、塩谷功和《しおたにのりかず》という少年（以下「S氏」という）に刺され重傷を負った。親日家と言われる大使に対しての傷害事件は、日米関係に及ぼす影響という点から、関係者に大きな衝撃を与えた。これが、ライシャワー事件である。

精神鑑定が実施され、次のような点が明らかになった（『日本の精神鑑定』所収の秋元・武村鑑定書）。

S氏は事件の前に自民党政調会長の三木武夫宅を訪れているが、その理由およびライシャワー大使を刺した理由は、次の四点を人々に知ってもらいたかったからだと語った。すなわち、第一に凸レンズを使って像を結ばせれば近視は治ること、第二に丸暗記の勉強方法ではない真の要領を覚えさせること、第三に男女を一緒に泳がせるのは風紀を紊乱するのでよくないこと、第四に教室で男子の机を前半分に女子の机を後半分に並べることが性道徳のために必要であること。これらが荒唐無稽であるなどの理由で、S氏は「進行中の重い破瓜型精神分裂病〔統合失調症・引用者註〕に罹患して」いると診断され、弁識制御能力がないと判断されて、都立松沢病院へ入院させられた。

この事件を契機に、日本政府は精神衛生法（当時）を治安的に強化した。たとえば、自傷他害のおそれのある患者を強制入院させるために、必要な資格を持った医師二名が揃わない場合には、七二時間以内なら医師一名だけで入院させることができるようにするなどの改悪がなされた。ちなみに、S氏は、入院後少しずつ病状が改善しつつあったが、たまたま無断外泊をしていた時期に起こったアメリカ大使館放火事件の犯人ではないかと疑われ（実際はアリバイが成立）、その頃から再び病状が悪化して病棟で縊死した。

こうしてみる限りでは、ライシャワー事件はひとえに妄想によるものであり、政治とは何の関係もなかったかのように映る。しかし、岡村青『十九歳・テロルの季節』によると、S氏はアメリカによる占領政策の不当性、戦後民主教育の欺瞞性を主張し、その裏返しとして太平洋戦争を「聖戦」と評価して、戦前の教育勅語を基本とした教育こそ、日本の風土に合致した教育理念だと訴えていたという。

つまり、ケネディ・ライシャワー路線による対日思想教育（たとえば日本人の学者らをアメリカ留学に招待する、またロックフェラー財団が日本の大学などに多額の寄付をする）に対し、「正シイ意義の教育ハ根本戦前ニ返サナクテハナリマセン」（S氏によって書かれたメモ）という批判を行っていたというのである。だとすると、S氏の荒唐無稽な主張は、妄想としての性質を免れないとはいえ、特に男女の席を別にせよというあたりは、S氏の主観としては反米思想の一環ということになろう。換言するなら、対日思想教育という共同幻想に対するテロルとしての一面があることを、必ずしも否定できないのである。

にもかかわらず、S氏の行動は、妄想に基づく行動としてのみとらえられ、精神衛生法の治安的強化が対置された。当時の池田首相は陳謝と遺憾の意を表するメッセージをジョンソン・アメリカ大統領へ送り、ジョンソンは「ライシャワー大使に対する一個人の行動について同情と遺憾の意を表された貴下のメッセージに対し〔略〕感謝の意を表明」（傍点は引用者）したのだった。

写像

ライシャワー事件においては、「一個人」と国家が恣意的に切り離され、前者には精神疾患ゆえの強制入院が、後者には対米関係を維持するための治安的な精神衛生法の強化が行われた。そうすることで、S氏の反米思想を覆い隠そうとしたのである。

ところで、昨今では、とりわけ重大事件においては心神喪失が認められることは極めて少なくなっている一方で、精神衛生法をルーツに持つ精神保健福祉法の治安的強化に対しては、精神科医療改革運動の結果、多少の歯止めがかかっているようにもみえる。たとえば、相模原殺傷事件直後にみられた精神保健福祉法改悪の動きが、とりあえずは阻止されたように、である。（もちろん、重大な犯罪を行うに至った精神障害者を対象とする法律＝いわゆる医療観察法が、さまざまな批判がありながらすでに運用されているという理由も大きいのであるが。）

そのためもあり、安倍元首相殺害事件においては、「**一個人**」**と国家**を恣意的に切り離そうとする方針そのものは堅持した上で、前者には（不遇な生育歴に一定の同情を示しつつも）刑事罰が、後者には（政党―宗教団体間の癒着に関する解明のポーズを示しながらも）国葬による追悼が、それぞれ当然であるかのように対置されるのである。

しかし、すでにみてきたように、安倍元首相銃撃事件は自死と引き換えになされた宗教的共同幻想と政治的共同幻想に対するテロルであって、精神鑑定―裁判や、国葬―政教分離によって糊塗される性質のものではない。つまり、安倍元首相殺傷事件は、ライシャワー事件の写像なのである。

あとがき

数年前に上梓した『精神現象を読み解くための10章』において、私は、戦争を揚棄し国境を開くことは政治にとって究極の目標であるのに、事態は全く反対の方向へ進んでいると述べた。戦争と国境が民衆のこころに持ち込まれるとき、それは国民に対する管理の形をとると指摘したのだ。いま、ウクライナ戦争をめぐる言説に示されるように情況はさらに悪化し、国防費を増税によって、それも不況下の法人税強化や、福島復興税の転用や、健康強要に乗じたタバコ税引き上げにより捻出するという愚策が、推し進められようとしている。つまり、事態はますます悪化の一途をたどっているといわざるをえない。

戦争ばかりではない。脳死臓器移植に密かに組み込まれていた優生思想は、相模原障害者殺傷事件を契機にして一気に顕在化した。また、集団による個人の圧殺に対し反撃しようとすればテロルという形をとらざるをえないところにまで、情況は煮詰まってきつつある。これらのいずれもが、ほんとうの「命（生《い》・命《のち》）の大切さ」とは何かという問いに対する回答を、焦眉の急として要求しているといえる。

しかし、これらの状況を眼前にして脱力感に襲われるのは、どうしようもないほどの保守思想とリベラル思想の劣化のためだ。国家主義と平和主義、優生主義と健康至上主義、そして愛国主義と議会制民主主義を同列に置く能天気な標語としての「命の大切さ」は、保守思想とリベラル思想の差異をなくし、双方を貧しくしている。標語としての「命の大切さ」を棄て、ほんとうの「命の大切さ」とは何かを、自らの頭で考えつづけるしかない所以である。

本書のうち、第1章は「流砂」特別号から、第2章は同22号から、第4章は「社会臨床雑誌」28巻3号から、第5章は「社会理論研究」21号から、それぞれ許可を得て転載した。また、コラム1と2および3は、日本子どもソーシャルワーク協会ウェブサイトに連載中の「児童精神科医高岡健の映画評論」(Vol.73, 74, 76) から、コラム4は第5次「精神医療」5号から、同じく許可を得て転載した。各媒体の担当者に御礼を申し上げます。

その他の章(補章を含む)およびコラム5は、書き下ろしである。ただし、第3章、第6章、第7章、第9章については、他の場所で発表した論文や講演の一部と重複する箇所があることを、お断りしておく。

最後に、本書をPP選書に加えていただいた批評社の皆さまに深謝いたします。私にとって本書は、同選書の三冊目になります。

二〇二三年早春

高岡健

著者略歴

高岡 健（たかおか・けん）
1953年生まれ。精神科医。岐阜大学医学部卒。岐阜赤十字病院精神科部長などを経て、現在、岐阜県立希望が丘こども医療福祉センター顧問。雑誌「精神医療」（編集＝「精神医療」編集委員会、発行 M.C.MUSE）編集委員をつとめる。
著書に、『別れの精神医学』『新しいうつ病論』『人格障害論の虚像』『殺し殺されることの彼方』（芹沢俊介氏との共著）『自閉症論の原点』（以上、雲母書房）、『発達障害は少年事件を引き起こさない』『精神鑑定とは何か』（以上、明石書店）、『引きこもりを恐れず』『時代病』（吉本隆明氏との共著）（以上、ウェイツ）、『16歳からの〈こころ〉学』『不登校・ひきこもりを生きる』（以上、青灯社）、『やさしいうつ病論』『MHL17 心の病いはこうしてつくられる』（石川憲彦氏との共著）『続・やさしい発達障害論』『吉本隆明の〈こころ〉学』『発達障害をめぐる世界の話をしよう』（関正樹氏との共著）（以上、批評社）『いかにして抹殺の〈思想〉は引き寄せられたか』（へウレーカ）。
編著書に、『孤立を恐れるな！──もう一つの「一七歳」論』『MHL9 学校の崩壊』『MHL11 人格障害のカルテ〈理論編〉』『MHL14 自閉症スペクトラム』『MHL12 メディアと精神科医』『MHL23 うつ病論』（以上、批評社）、『こころ「真」論』（宮台真司氏との編著）（ウェイツ）ほか。

PP選書
ほんとうの命の大切さとは何か
──ウクライナ戦争から山上徹也銃撃事件まで

2023年4月25日　初版第1刷発行

著者……高岡 健

装幀……臼井新太郎

発行所……批評社
〒113-0033　東京都文京区本郷1-28-36　鳳明ビル201
電話……03-3813-6344　fax.……03-3813-8990
郵便振替……00180-2-84363
Eメール……book@hihyosya.co.jp
ホームページ……http://hihyosya.co.jp

印刷……モリモト印刷㈱

製本……鶴亀製本株式会社

乱丁本・落丁本は小社宛お送り下さい。送料小社負担にて、至急お取り替えいたします。

ISBN978-4-8265-0740-0 C1036